Olaf R. Spittel

Fall nach oben

Olaf R. Spittel

Fall nach oben

HÖRSPIELE

VERLAG 28 EICHEN
BARNSTORF

Die Deutsche Bibliothek verzeichnet diese Publikation
in der Deutschen Nationalbibliographie.
Detaillierte bibliographische Daten sind im Internet über
http://dnb.ddb.de abrufbar

ISBN 978-3-940597-40-3

Das Fotomotiv zeigt einen Briefkasten im luxemburgischen Gaichel
gegenüber dem Hotel „La Gaichel“ aus dem Jahr 2007,
den es mittlerweile aber dort nicht mehr gibt.

Herstellung: Books on Demand GmbH, Norderstedt

Inhalt

Fall nach oben

Hörspiel

Personen

Erzähler
Ich, männlich
Ich, weiblich
Arzt 2
Ehefrau

sowie in kurzen Nebenrollen

Stadtstreicher
Polizist
Arzt 1

Liste der Tonzitate

1. Vor- und Nachspann
Baker Street (Gerry Rafferty)

2. TV-Serien, jeweils Erkennungsmelodie, bis auf TV1 und TV18 alles unbedingt in der US-Originalversion

TV 1. Raumpatrouille (D)
TV 2. Bonanza
TV 3. The Flintstones
TV 4. Mr. Ed

TV 5. The Munsters
TV 6. Adams Family
TV 7. Star Trek
TV 8. Lost in Space
TV 9. Superman
TV10. Batman
TV11. Bonanza
TV12. Rin Tin Tin
TV13. Daniel Boone
TV14. The Wild Wild West
TV15. The Lone Ranger
TV16. Mission:Impossible
TV17. Man From U.N.C.L.E.
TV18. The Prisoner (UK)
TV19. Get Smart
TV20. Secret Agent Man
TV21. Dragnet
TV22. Perry Mason
TV23. Adam-12
TV24. The F.B.I.
TV25. 77 Sunset Strip
TV26. Mannix

3. Filmmusiken

F 1. Star wars (in der konzertanten Fassung der Londoner Symphoniker)
F 2. Zwölf Uhr Mittags (High noon)
F 3. Indiana Jones and the Last Crusade (Panzerszene)
F 4. Der rosarote Panter (Thema)

1

(Musikalischer Vorspann, abblendend in Großstadt- und Straßengräusche)

Erzähler: Darf ich Sie einladen, mich zu begleiten? In der nächsten Dreiviertelstunde soll meine – und wenn Sie wollen: auch Ihre – Aufmerksamkeit dem seltsamen Schicksal eines Mannes gelten, der seit bereits einer Woche durch Hinterhöfe und Nebenstraßen, durch Schrebergärten und über Müllhalden einer Großstadt torkelt, ohne eigenen Willen und ohne sich seines Tuns bewußt zu sein, in Trab und am Leben gehalten nur noch durch die physiologischen Reaktionen, über die auch ein Kleinkind verfügt. Folgen wir diesem Mann und beobachten, wie er ziellos durch die Straßen seiner Heimatstadt irrt, ab und zu angestarrt von Passanten, die sich keine Mühe geben, ihren Ekel zu verbergen. Er hat auf Parkplätzen, hinter Müllcontainern oder einfach in einem Hausflur geschlafen – zusammengerollt wie ein Tier. Wie ein Tier hat er auch seine Notdurft verrichtet. Oft ist er gestolpert und lang hingeschlagen, in Straßendreck und Hundekot. Betrunkene gibt es genug in der Millionenstadt, und kaum noch jemand gibt dem ersten, ursprünglichen Impuls menschlicher Hilfsbereitschaft nach und kümmert sich um einen am Boden Liegenden. Und doch wird jener Mann, den ein Zusammenprall mit einem Laternenmast soeben wieder einmal von den Beinen gerissen hat, angesprochen, an der Schulter gerüttelt.

2

(Straßenlärm)

Stadtstreicher *(nicht ganz nüchtern)*: He, du kannst hier nich pennen. Los, komm hoch. Du liegst ja schon halb auf der Straße, Mann. Wat haste denn? Bist doch jar nich besoffen … Komm, Mann, hier kannste wirklich nich. – Siehste, nu kommen och schon die Bullen. Habs dir ja jesacht …

(Ein Wagen hält, zwei Polizisten steigen aus)

Polizist: Oh Scheiße, der wird uns wieder den ganzen Wagen vollkotzen …

Erzähler: Während die beiden Polizisten sich mit dem Körper des Mannes mühen, geschieht es. Sanft und doch mit nie erfahrenen Beschleunigungswerten durchstößt er das Grau seines Bewußtseinszustandes, steigt geradlinig auf, nach oben, schneller und immer schneller, unbeeindruckt von dünner werdender Luft und zunehmender Kälte. Eine leuchtende Scheibe ist das Ziel – und schon füllt die Sonne den ganzen Horizont aus. Die Fahrt geht mitten durch sie hindurch, weiter und immer weiter, bis der Glutball irgendwohin verschwunden ist. Hier, wo nun wirklich gar nichts mehr ist, die Freiheit von allem irdischen Ballast, und nur noch winzige Lichtpunkte in unerreichbaren Fernen schimmern, hier kommt er endlich zur Ruhe und vermag sich zu sammeln.

(Tonzitate TV9 und TV14: nacheinander mit langer Überblendungsphase, während derer beide Titel einen Musikbrei bilden)

3

Ich, männlich: Ohh, ahh …
Ich, weiblich: Wie meinst du?
Ich, männlich: Da ist … noch jemand.
Ich, weiblich: Noch jemand trifft es nicht
Ich, männlich: Ich sehe dich nicht, aber ich weiß, daß du da bist. Wer bist du?
Ich, weiblich: Ich bin's.
Ich, männlich: Wer zum Teufel ist ich?
Ich, weiblich: Nicht übel gefragt. Du hast es auf den Punkt gebracht.
Ich, männlich: Ich verstehe überhaupt nichts.
Ich, weiblich: Das dachte ich mir. Wie immer.
Ich, männlich: Was …
Ich, weiblich: Du fragst zuviel. Verlaß dich einfach auf dein Gefühl.
Ich, männlich: Ich sehe nichts.
Ich, weiblich: Das ist kein Problem. Die Augen brauchst du nicht. Jetzt nicht. Empfinde.
Ich, männlich: Ich … liege …
Ich, weiblich: Unwichtig. Konzentriere dich auf dich selbst. Schau nach innen.
Ich, männlich: Wer bist du?

Ich, weiblich: Wieder die gleiche Frage. Du spürst es nicht?

Ich, männlich: Du … bist seltsam … vertraut. Ich kenne keine Frau, die …

Ich, weiblich: Ich bin keine Frau.

Ich, männlich: Ahh …?

Ich, weiblich: Höchstens ein weibliches … Prinzip. Du solltest mich kennen.

Ich, männlich: Ich …? Schwachsinn!

Ich, weiblich: Wie immer. Du hast nichts verstanden und das Falsche empfunden – was vielleicht noch schlimmer ist …

(Tonzitate TV2 und TV6)

4

Arzt 1: Er dämmert nur so vor sich hin. Gelegentlich öffnet er die Augen, dann müßte er eigentlich ansprechbar sein. Aber er sagt nichts, rührt sich nicht. Preßt die Lippen aufeinander, als hätte er Angst, es könne ihm wider Willen ein Wort rausrutschen

Arzt 2: Er hat überhaupt nichts gesagt?

Arzt 1: Nein. Kein Wort. Wenn er so was wie einen klaren Moment hat, macht er einfach die Augen auf und starrt ins Leere. Sonst nichts. Tut als wäre er irgendwo anders. – Glücklicherweise hat er kaum noch Kraft, sich zu bewegen, so daß wir ihn nicht anzubinden brauchen. Ich hatte immer Angst, er fällt uns aus dem Bett und reißt alle Leitungen ab.

Arzt 2: Nun schau ihn dir doch bloß an. Er sieht … Irgendwie scheint er allerhand auf der Seele zu haben.

Arzt 1: Weiß der Teufel was ihn so mitgenommen hat. Alt und beladen …

Arzt 2: Wie?

Arzt 1: Alt und beladen. So sieht er aus. Irgendwo in der Bibel steht das.

Arzt 2: Bibel? Bist du sicher?

Arzt 1: Nein.

Arzt 2: Du weißt, wie alt er wirklich ist.

Arzt 1 Ungefähr. Sicher, biologisch ist er keine vierzig. Aber er sieht nun mal so aus. Außerdem – jeder ist alt, der nicht mehr viel älter werden wird, als er gerade ist.

Arzt 2: Na … Da wir eigentlich nichts wissen …

Arzt 1: Schau ihn doch einfach an. Was mußt du da noch wissen? Er hat's überstanden.

Arzt 2: Hm. Verdammt unangenehm wäre nur, wen wir ihn hier rausschieben müssen und immer noch keinen blassen Schimmer haben, was mit ihm passiert ist.

Arzt 1: Wir haben das ganze Programm mit ihm durch. Es ist ein Rätsel. Wenn ich ihn nicht hier liegen sähe und nur seine Werte hätte, müßte ich sagen: der Mann ist gesund.

Arzt 2: Tja, manchmal ist auf die ganze medizinische Technik eben kein Verlaß.

Arzt 1: Na gut, das ist doch aber nicht das Problem. Technik denkt nicht. Wenn jedoch auch wir nicht das geringste herausfinden, kann ich das doch nicht auf unsere unzulängliche Technik abschieben.

Arzt 2: Du hast recht. Mein Gott, wenn der so einfach und ohne jede erkennbare Ursache den Löffel abgibt, sehe ich keinen Grund, warum das gleiche morgen nicht mit dir, mir oder jedem dritten Mitteleuropäer passieren kann.

Arzt 1: Das ist nun wieder Unsinn. Außerdem ist das ab jetzt mein Problem.

Arzt 2: Wenigstens für das Wochenende muß ich raus aus dem Laden. Ob ich aber sonderlich ruhig schlafen werde, weiß ich nicht.

Arzt 1: Das meinst du doch nicht im Ernst. Nach allem, was ich hier lese, gibt es keinen Anhaltspunkt für irgendwelche epidemischen Gefahren.

Arzt 2: Ach, darum geht es mir doch gar nicht. Es ist mir einfach unheimlich, daß wir nicht einmal den Zipfel einer Ursache zu fassen kriegen. Nichts, absolut nichts wissen wir. Der Mann liegt hier, und doch scheint er überhaupt kein Bestandteil dieser Welt mehr zu sein. Irgendwie ist er weg, reagiert auf nichts. Und dann hier … Schau dir das an; in seinem Hirn brennt ein wahres Feuerwerk ab. Was da vorgeht, möchte ich wissen. Verdammt, wir sehen wie Amateure aus. Und wo wir nichts wissen, ist plötzlich alles möglich.

Arzt 1: Alles bestimmt nicht. Einverstanden, wir wissen nicht, was ihn in diesen Zustand gebracht hat …

Arzt 2: Wir wissen noch nicht einmal, was das für ein „Zustand“ ist!

Arzt 1: … aber wir sehen doch, was vor sich geht. Er verfällt in rasender Geschwindigkeit. Wir kriegen schon noch raus, warum. Ich denke, wenn wir erst einmal wissen, wer er ist, wird sich vieles klären.

Arzt 2: Ich bin nicht so optimistisch. Warum sollte dann etwas klarer werden? Selbst wenn wir ihn fragen könnten – vielleicht weiß er selbst nicht, was passiert ist. Wie es momentan aussieht, wird er uns ohnehin nichts mehr erzählen können. Wenn wir doch nur in seinen Kopf reinschauen könnten …

(Tonzitate TV18 und TV13)

5

Erzähler: Lichtpunkte werden zu Linien, verlängern sich zu endlosen Strahlen, die in einem unendlich fernen Punkt zusammenlaufen. Eben sind sie noch weiß, jetzt leuchten sie hell in allen Farben – in schnellem Wechsel. Prächtig der Anblick, der Farbenrausch ist sehr irdisch und ähnelt dem unscharfen Bild einer Sommerwiese. Das Schwarz des Weltalls wird verdrängt, überstrahlt von farbigen Kaskaden. Der Blickwinkel des Betrachters weitet sich zum Vollkreis, zur Kugel. Die so geschaffenen Singularität erhebt sich zum Subjekt, gibt sich nun als ruhender Pol des Schauspiels auf und folgt einem Impuls, wird aktiv, bestimmt sein Schicksal, nimmt Fahrt auf, beschleunigt stetig und zieht bald schon jenseits aller Meßbarkeit aberwitzig schnell dahin. Das Farbengeflimmer wird zum Medium, das der Bewegung einen sanften, reizvollen Widerstand entgegensetzt, ohne sie im mindesten abbremsen zu können. Der Zufall, scheint es, hat das Ziel der Fahrt bestimmt – oder war es nur ein Ziel von vielen möglichen? Mit einem Mal erstarrt jede Bewegung, die Farbenvielfalt, die eben noch mit beinahe allen Sinnen – wessen Sinnen? – erfahrbar war, verarmt wieder zu weißen Lichtpunkten. Das dahinter lieende Schwarz ist zwar schwarz, macht aber doch den Eindruck eines unfreundlichen Grau – ein diffuser Hintergrund für alles, was dem eben noch erlebten Rausch der Farben und Geschwindigkeiten entsagen muß. Gemildert wird die Trostlosigkeit des Erwachens – ist es ein Erwachen? – durch den Anblick einer planetaren Kugel, in zarten Pastelltönen umwölkt, deutlicher Gegensatz zum vergangenen glutvollen Farbendschungel, doch kaum weniger reizvoll durch das Versprechen der Rast, der Ruhe, der Besinnung. Der Beobachter verwandelt sich ganz in ein Gefühl der Erleichterung, hofft er doch auf Ankunft und Rettung, und steuert auf das Objekt zu …

(Tonzitate TV1 und TV15)

6

Ich, männlich: Was geschieht mit mir?

Ich, weiblich: Mich hast du schon wieder vergessen, wie? Was immer mit dir geschieht – ich teile dein Schicksal.

Ich, männlich: Du … du scheinst zu wissen, was hier los ist.

Ich, weiblich: Zu wissen? Nein, Gewißheit kannst du von mir nicht erwarten. Aber vielleicht besseres.

Ich, männlich: Du nutzt meine Hilflosigkeit schamlos aus. Macht es dir Spaß, mich im Unklaren zu lassen?

Ich, weiblich: Spaß? Eine gute Idee! Vielleicht macht es uns sogar einigen Spaß. Immerhin ist es das erste Mal, daß du mich so eigentlich wahrnimmst. Vielleicht wird es dir Spaß machen.

Ich, männlich: Mir?

Ich, weiblich: Oder auch dir, das macht keinen Unterschied.

Ich, männlich: Ich sehe schon, von dir ist keine Hilfe zu kriegen.

Ich, weiblich: Aber natürlich helfe ich. Reiner Egoismus, du wirst sehen. Aber du wirst dich auch damit abfinden müssen, daß ich es auf meine Art mache. Du willst Eindeutigkeit, Weiß oder Schwarz, ein Ja oder ein Nein und nichts dazwischen. Du willst die Welt in faßbaren Portionen, jedes Teil mit einer Gebrauchsanweisung daran. Du willst wissen, warum du hier bist, aber du willst die Antwort von außen, von anderen haben, suchst die Antwort nicht in dir. Und doch bist du die Ursache …

Ich, männlich: Ich?

Ich, weiblich: … die Ursache von allem, was um dich ist.

Ich, männlich: Was, um Himmelswillen, willst du mir sagen?

Ich, weiblich: Ich will dir etwas über dich sagen. Du wirst begreifen, was mit dir geschieht, wenn du dich begriffen hast – hoffe ich wenigstens …

(Tonzitate TV16 und TV5)

7

Arzt2: Wir wissen nun, wer er ist.

Arzt1: Ah! Wodurch?

Arzt2: Simpel. Eine Vermißtenanzeige, ein Anruf der Polizei. Seine Frau ist hier und hat seine Sachen identifiziert.

Arzt1: Warum nur seine Sachen? Ihn selbst nicht?

Arzt2: Ich habe sie nicht zu ihm gelassen. Vorerst nicht. Er sieht inzwischen einfach schrecklich aus, und seine Frau weiß bisher von gar nichts. Sie hatte seinen Paß bei sich. Wenn du sein Bild siehst, wirst du nicht die geringste Ähnlichkeit mehr feststellen können. Als wäre er mindestens doppelt so alt …

Arzt1: Ich glaube nicht, daß wir ihn aus dem Koma wieder rauskriegen. Wir sollten seine Frau zu ihm lassen. Bald.

Arzt2: Ich will mich zunächst einmal mit ihr unterhalten. Sie sitzt vorn …

(Tonzitate TV10 und TV22)

8

Erzähler: Körperlos umkreist er die Wolkenkugel im Raum, körperlos, doch fähig, Sinnesreize zu empfangen, und er empfindet sogar einige Lust an dem orbitalen Flug. Nicht die Tatsache seines Fluges erstaunt ihn eigentlich, wiewohl er sich der existentiellen Unmöglichkeit des Geschehens mittlerweile bewußt geworden ist. Vielmehr hat er den vertrauten Ekel erwartet, angesichts tausendfach gesehener Bilder, tausendfach aus zweiter Hand erlebter Abenteuer; denn er weiß wohl, was nun bald eintreten muß – und vorsichtig versucht er, anfliegende Schiffe zu entdecken, hält nach Energieimpulsen von Bordkanonen Ausschau, horcht nach Fanfarenklängen, die das Erscheinen Flash Gordons oder Supermans oder Indiana Jones' ankündigen, erwartet das Gefühl zerlesenen Heftpapiers beim Umblättern zwischen den Fingern zu spüren – oder auch den Knopf der Fernbedienung unter dem Zeigefinger. Er hat das alles so satt, ist übersatt von all dem Gelesenen, Geschauten, Gehörten, das er allzu oft und anfänglich freiwillig an die Stelle der Wirklichkeit gesetzt hatte, bis dann eines Tages die Kunstwelten in seinem Kopf die wichtigeren geworden waren und ihn ebenso anzuwidern begannen wie der Alltag zuvor. Kommt da nicht schon der Ekel? Zögernd und mißtrauisch lenkt er seinen Blick auf den Planeten vor ihm. Hier und da erlauben kleinere Gucklöcher in dem plustrigen Wolkenumhang den Blick hinab auf die Oberfläche. Da kommt der Impuls aus seinem Innern, überwältigt seinen kurz wach gewordenen kritischen Verstand – und schon öffnen sich ihm bereitwillig die Wolkenlöcher und bieten sich als lockende Tableaus, deren Sirenenkraft nichts in ihm zu widerstehen vermag. Belebte Landschaften sieht er, deren Bildunterschriften ihm sofort verraten, worum es sich handelt: Männerfreundschaften überstehen die Gefahren unwegsamer Dschungel, die lauernden Buschvölker und das Trommelfeuer feindlicher MG's, bis King Kong endlich Ann Darrow entkleidet. Der Krieg der Welten fegt in harten Streicherklängen der Londoner Symphoniker über die Oberfläche und hinterläßt Ruinenstädte. In ritterlichem Duell fechten Gorbatschow und Stalin mit Laserschwertern bis zum gemeinsamen Untergang. – Die Albernheit läßt ihn grinsen. Er grinst auch noch, als er sodann riesige Kampfmaschinen saurierhaft durch eine Schneewüste stapfen sieht, im Kampf mit

Rebellenflugzeugen, die beinahe schon in die nächste Kulisse hineinrasen – in der himmelhoch die Wohntürme aufragen, die Konsequenz der Bauhauskasernen, zwischen ihnen ein lebhafter Flugverkehr: modernste Doppeldecker umkurven grazile Hochstraßen, auf denen schwarzameisige Menschentrupps in stumpfem, ergebenem Gleichschritt vorwärtsschlurfen, niedergedrückt vom gänzlich anderen Rhythmus einer Havy-metal-Band. Wolkendunst schiebt sich kurzzeitig über das Bild, dann ist der Blick wieder frei. Arnold Schwarzenegger balanciert auf den Schultern Jonny Weißmüllers, um über einen hohen Lattenzaun hinweg Marilyn Monroe bei Aufnahmen über dem U-Bahn-Luftschacht zuzuschauen – bis ein heranpreschender Kampfpanzer die Szene in den Staub wälzt; aus seinem Rohr orgeln unablässig Granaten in die Kulissen. Gewaltige Detonationen erschüttern die Landschaft, deren eifrige Bereitschaft, in unzähligen Trümmern durch die Luft zu fliegen, die Explosionen zur erlösenden Wunscherfüllung werden läßt. Er grinst immer noch, während der Szenenwechsel seine Frequenz erhöht, bis die sich abwechselnden Bilder zu einem Flimmern verschmelzen, aus dem heraus nur noch wenige Details bis zum ihm herauf erkennbar hochblitzen und alle Geräusche miteinander zu einem kakophonischen Teppich verwoben sind. Er kann nicht mehr erkennen, was sich unter ihm abspielt, doch er weiß es, weiß was geschieht und wie es weitergehen wird. Es scheint sogar, als könne er beliebige Szenen auf die Bühne rufen, als gehorcht die ganze Welt allein seinem Befehl, seinem Einfall – doch die ständige Variation des Bekannten ödetet ihn an, und die Vergeblichkeit des Versuchs, aus den vertrauten Mosaiksteinchen etwas Neues entstehen zu lassen, erschreckt ihn. Alles schon gehabt, gesehen, gehört, gefühlt – nein, gefühlt wohl nicht – Gefühle wollen sich nicht so einfach abrufen lassen; sie kommen ungefragt und ungesteuert – ein Gefühl dominiert: Ekel. Der Ekel überflutet das Grinsen.

(Tonzitate TV7 und TV21)

9

Ich, männlich: O Gott, ist das bescheuert!

Ich, weiblich: Das kannst du laut sagen. Was hast du bloß alles in deinem Kopf drin?

Ich, männlich: Ein verdammt verrückter Traum.

Ich, weiblich: Glaubst du das wirklich?

Ich, männlich: Was?

Ich, weiblich: Das das nur ein Traum ist?

Ich, männlich: Was sonst? ich brauche lediglich aufzuwachen, und der Spuk hat ein Ende.

Ich, weiblich: Versuch es doch.

Ich, männlich: Ich … ich versuche es schon die ganze Zeit. Ich … ich kann nicht.

Ich, weiblich: Dann hast du doch schon etwas begriffen.

Ich, männlich: Nichts habe ich begriffen!

Ich, weiblich: Doch, du bist dir über eine deiner Unfähigkeiten klar geworden. Du willst aufwachen, gut, das ist doch schon mal ein Ziel. Aber du denkst immer noch, dann wäre alles vorbei.

Ich, männlich: Halt, halt. langsam. Du sagst, ich soll aufwachen. Dann träume ich also doch?

Ich, weiblich: Nein. Das alles ist wirklich. Es ist in deinem Kopf.

Ich, männlich: Hör mit dem Schwachsinn auf! Ich denke, du willst mir helfen?

Ich, weiblich: Gewiß.

Ich, männlich: Dann erzähl doch nicht so'n Blödsinn! Wenn das nur in meinem Kopf ist …

Ich, weiblich: Nur?

Ich, männlich: … dann ist das doch nicht wirklich. Ich fühle …

Ich, weiblich: Aha

Ich, männlich: … daß ich das Zeug dirigieren kann. Nur abschalten kann ich es einfach nicht. Gequirlte Video-Scheiße.

Ich, weiblich: Warum hast du denn alles in dich reingeschaufelt, wenn es dir jetzt zu den Ohren wieder rauskommt?

Ich, männlich: Ich hab nichts in mich reingeschaufelt. Ich hab ein paar Filme gesehen, ein paar Bücher gelesen, o.k. Aber das hat nichts zu sagen. Reine Unterhaltung. Alles völlig normal. Was ist daran verkehrt? Wir leben in einer Freizeitgesellschaft, noch nie was davon gehört, wie? Soll ich mir da auch noch den gleichen Scheiß aussuchen, den ich schon jeden Tag im Job zu hören kriege …?

Ich, weiblich: –

Ich, männlich: Warum sagst du nichts? Antworte gefälligst!

Ich, weiblich: Warum sollte ich? Je wütender du bist, um so näher kommst du der Sache, und allein Wut kann dir noch helfen. Ein Rat vielleicht noch: verfalle nicht der Illusion, die Wirklichkeit in deinem Kopf wäre unreal oder unwichtig. Die Welt in deinem Kopf ist die Welt. Für dich ist sie momentan die einzige. Und glaube doch bitte nicht, du trügest keine Verantwortung für die Drogen, die du dir ständig reingezogen hast.

Ich, männlich: Was soll das nun wieder? Drogen? Spinnst du? Nie …

Ich, weiblich: Du wärst also nicht abhängig gewesen von …

Ich, männlich: Davon? Das nennst du Drogen? Mein Gott, das ist harmlose reine Unterhaltung …

Ich, weiblich: Mit lustigen Spätschäden, oder?

Ich, männlich: Mit dir kann man einfach nicht reden!

(Tonzitate TV11 und TV24)

10

Arzt 2: Liebe … äh, Frau, ich fürchte, ich muß Ihnen einige unangenehme Dinge mitteilen. Sehen Sie, Ihr Mann …

Ehefrau: Es steht also sehr schlimm um ihn?

Arzt 2: Ja, ja, allerdings. Woher wissen Sie …?

Ehefrau: Mein Gott, dazu gehört nicht viel. Sie lassen mich nicht zu ihm, alle sind sehr besorgt um mich und dann diese Blicke … Aber sonst weiß ich gar nichts.

Arzt 2: Sie sind erstaunlich ruhig.

Ehefrau: Ruhig? Ja, vielleicht bin ich ruhig geworden, jetzt. Ich hatte schließlich zwei Wochen Zeit, mir jedes Unglück vorzustellen, das ihm widerfahren sein könnte. Zwei Wochen, wissen Sie, das ist sehr lang, ich bin einfach nur noch müde …

Arzt 2: Wollen Sie sich nicht setzen.

Ehefrau: Danke.

(Beide setzen sich)

Arzt 2: Zigarette?

Ehefrau: Ich rauche nicht.

Arzt 2: Sie …

Ehefrau: Zwei Wochen, da verliert man erst die Hoffnung, dann sogar die Trauer. Nur die Angst bleibt.

Arzt 2: Sie haben etwas Konkretes befürchtet?

Ehefrau: Nein, nein, eigentlich nicht. Ich weiß auch nicht. Ich war so leer, und nur die Angst war da. Und dann heute dieser Anruf. Ich bin doch so froh, daß man ihn überhaupt gefunden hat. Endlich Gewißheit, wie sie auch aussehen mag. Also?

Arzt 2: Also?

Ehefrau: Er hatte einen Unfall?

Arzt 2: Nein, eigentlich nicht. Das heißt, wir können es nicht ausschließen.

Ehefrau: Was …?

Arzt 2: Es tut mir leid, ich werde Ihnen auch nicht sagen können, was mit Ihrem Mann geschehen ist. Bis heute wußten wir nicht einmal, wer er ist. Seit einer Woche ist er nun bei uns. Er ist nicht bei Bewußtsein, war zu keiner Zeit kooperativ …

Ehefrau: ko …

Arzt 2: Ansprechbar, Pardon. Um es kurz zu sagen: wir haben keine Ahnung, was ihn in diesen Zustand gebracht haben könnte. Die Polizei brachte ihn uns als „hilflose Person“ …

Ehefrau: Er war betrunken?

Arzt 2: Keineswegs.

Ehefrau: Er ist krank?

Arzt 2: Natürlich ist er krank, gewiß. Doch das sagt nichts. Sehen Sie, er … es hat den Anschein, als wäre er nicht mehr von dieser Welt. Irgendwie hat er sich in sein Inneres zurückgezogen und reagiert auf keinen äußeren Reiz mehr. das ist so ziemlich alles, was ich Ihnen sagen kann. Alles andere, was wir zunächst annahmen und was einen solchen Zustand erklären würde, können wir mittlerweile ausschließen. Wir dachten an Blutungen im Hirn, irgendeine Infektion, ein Gehirntumor … Nichts, keine organische Ursache.

Ehefrau: Was heißt das? Was …

Arzt 2: Unsere Neurologen haben einige Hypothesen aufgestellt, aber wenn Sie mich fragen …

Ehefrau: Ich frage Sie ja, was also wollen Sie mir sagen?

Arzt 2: Er stirbt. Nach allem, was wir beobachten konnten, stirbt er. Er verfällt regelrecht, und das in einem schwindelerregenden Tempo. Und ich habe keine Ahnung, warum.

Ehefrau: Sie meinen – keine Hoffnung?

Arzt 2: Eine Hoffnung gibt es immer. Aber ich wäre unehrlich …, also, ich meine, es bräuchte schon ein Wunder.

Ehefrau: Sie glauben nicht an eine Rettung?

Arzt 2: Nein. Es wäre entgegen aller … allem, was uns die Erfahrung … Verstehen Sie mich bitte nicht falsch. Ich bin mir sehr genau bewußt, in diesem Fall völlig im dunkeln zu tappen. Was soll ich Ihnen sagen? Sehen Sie, seine Lebensuhr – wenn sie mir diesen unscharfen Begriff gestatten – läuft ab, allerdings mit unheimlicher Geschwindigkeit. An jedem Tag scheint er mehrere Jahre zu altern. Als hätte er beschlossen, sehr schnell eines natürlichen Todes zu sterben. Wir … hm …

Ehefrau: Sprechen Sie doch bitte weiter.

Arzt 2: Ich möchte Sie bitten, uns zu helfen.

Ehefrau: Ich? Ja, wie?

Arzt 2: Nur Sie können uns noch weiterhelfen, könnten vielleicht erklären, was mit ihm geschehen ist.

Ehefrau: Oh, ich weiß nichts, ich weiß doch überhaupt nichts. Er verschwand einfach, sagte nichts, schaute mich nicht einmal an, nahm nur seine Kassetten und ging einfach zur Tür hinaus.

Arzt 2: Seine Kassetten?

Ehefrau: Ich dachte, er wolle seine Videokassetten zurückbringen gehen. Doch ich habe sie dann vor der Haustür gefunden. Er hat sie alle einfach da hingeworfen.

Arzt 2: Hm.

Ehefrau: Ständig rannte er doch in diese Videothek, wie sollte ich da annehmen, daß er diesmal … Ich wußte wirklich nicht … Und er hat nichts gesagt.

Arzt 2: Was war den in den letzten Tagen vor seinem Verschwinden? War da etwas Ungewöhnliches? Ist Ihnen etwas an Ihrem Mann aufgefallen? Überlegen Sie bitte.

Ehefrau: Alles war wie immer.

Arzt 2: Er hatte Arbeit?

Ehefrau: Sicher. Er ist doch Beamter, wissen Sie.

Arzt 2: Und er ging zur Arbeit wie immer?

Ehefrau: Wie immer.

Arzt 2: Er hat nicht über besondere Probleme gesprochen, über Ärger, über Konflikte, über Schmerzen, über …

Ehefrau: Da war nichts. Alles war völlig normal.

Arzt 2: Aber Sie haben doch mit ihm gesprochen, sicher auch über seine Arbeit?

Ehefrau: Ach wissen Sie, was soll man da viel sprechen? Er ging früh raus, kam abends wieder, wie immer. Da ist er müde. Und dann geht er ja auch immer gleich in seine Ecke, da steht der Apparat. Oder er hatte die Kopfhörer auf, Radio, wissen Sie. Ich weiß auch nicht, was er da immer so gehört hat. Früher hat er da auch immer gesessen und gelesen, irgendwelche Abenteuer-Schmöker.

Arzt 2: Ja?

Ehefrau: Na, und jetzt immer diese Videos. Zwei am Abend, wenn nicht was im Fernsehen lief. Das heißt zuletzt …

Arzt 2: Was war zuletzt?

Ehefrau: Also, in den letzten Wochen hat er dann kaum noch was gesehen. Hat sich zwar immer noch was ausgeliehen, hat es dann aber doch kaum angesehen. Ich sag zu ihm, Mann, schade ums Geld, aber er hat nur mit dem Kopf geschüttelt, irgendwas vor sich hingebrummt …

Arzt 2: Und was tat er stattdessen?

Ehefrau: Er hat wieder angefangen zu lesen. Aber eigentlich auch nicht richtig. Er war nicht so bei der Sache wie früher. Hatte wohl keine richtige Lust.

Arzt 2: Was glauben Sie, warum?

Ehefrau: Weiß nicht, keine Ahnung.

Arzt 2: Sie haben ihn nicht gefragt?

Ehefrau: –

Arzt 2: Hm. Wollen Sie ihn jetzt sehen?

Ehefrau: Ja, sicher. Das geht doch, oder?

Arzt 2: Natürlich, aber erschrecken Sie bitte nicht. Wir müssen ihn künstlich ernähren und beatmen, das sieht nicht sehr … schön aus. Zudem werden seine wichtigsten Körperfunktionen aufgezeichnet, also … es stehen da allerhand Geräte um ihn herum. Und … sein Gesicht … Ich sagte es bereits, er ist physisch beinahe schon ein Greis. Kommen Sie also.

(Tonzitate TV23 und TV8)

11

Erzähler: Selbst der Regenbogenrausch der Szenen und Geräusche wird nun unscharf, verblaßt, entfernt sich. Der Planet schrumpft zusammen, hat bestenfalls noch die Größe eines kleinen Mondes. Ungewöhnlich nur ist die Helligkeit diese Mondes; er strahlt grell auf, direkt in sein linkes Auge, bleibt für einen Moment unerträglich hell, brennt sengend auf die Netzhaut herab. Da ist keine Gegenwehr möglich, kein Ausweichen, keine Flucht. Als die Qual beinahe unerträglich wird – doch er hält durch, mannhaft hält er durch! – entschließt sich der Mond zu einer Attacke auf das andere Auge, verweilt hier aber nur kurz, als sähe er die Erfolglosigkeit seiner Belästigung ein und verblaßt unversehens wieder zur Bedeutungslosigkeit eines fernen Himmelskörpers – über den nun, da er seinem Blendwerk entsagt hat, Schriftzeichen dahinhuschen. Er starrt, überhaupt nicht in seiner Sehfähigkeit beeinträchtigt durch jenen erfolgreich abgeschlagenen Photonenangriff, auf die über die Leuchtkugel gleitenden Zeichen. Doch er kann nichts erkennen. Sie sind zu weit entfernt, zu winzig. Nicht einmal die Art der Zeichen oder die Sprache ist zu erkennen. Er verbannt die schmerzhafte Erfahrung aus seinem Gedächtnis, ein einziger Akt seines Willens, und schon vermag er, den nun wieder romantisch blassen Mond seiner Macht zu unterwerfen, ihn näher heranschweben zu lassen. Und diesmal bleibt er blaß und ungefährlich, ein kontrastreicher Hintergrund für die schwarze Schrift, die sich nun folgsam zu lesbaren und verständlichen Worten ordnet, Sätze bildet, sich zu Texten zusammensetzt. Der Anblick dieser Texte ist es, der ihn seiner Souveränität wieder beraubt, sein Blick erkennt zu spät, was da seiner harrt und wird ganz wider Willen gefesselt von den über den blaßweißen Hintergrund laufenden Schriftzeichen. Er resigniert und beginnt zu lesen. Und obwohl er weiß, was er lesen wird, vermag er nicht mehr wegzuschauen. Auch sträubt er sich vergebens gegen das Entstehen neuer Bilder; ein Stichwort genügt, und schon ödet ihn die Ansicht zweier gigantischer Segelschiffe an, die ihre Kanonen, in drei Reihen übereinander angeordnet, Salve auf Salve gegen den Feind schleudern, eine Breitseiten nach der anderen; Pulverdampfwolken verhüllen große Teile der Szenerie, lautes Krachen splitternder Masten übertönt kurz die heroischen Klänge des Orchesters, in dem das Blech den Ton angibt. Gußeiserne Geschosse zerfetzen Segeltuch und zerschlagen hölzerne Aufbauten. Und obwohl allein das eine der beiden Schiffe getroffen wird, sterben nur wenige Männer der Besatzung: sie müssen darauf warten, bis ihnen im darauffolgenden Nahkampf der Stahl enternder Freibeuter als Großaufnahme gefällig die Rippen durchbohrt.

(Tonzitate TV19 und TV4)

12

Ich, weiblich: Du bist so … so angefüllt mit allem, was andere bereits ausgespien haben.

Ich, männlich: Was willst du schon wieder? Warum läßt du mich nicht in Ruhe?

Ich, weiblich: Du bist mir nun mal nicht ganz gleichgültig.

Ich, männlich: Meinst du das im Ernst?

Ich, weiblich: Darauf kannst du wetten. Ich sagte dir ja schon, daß ich immer mitbetroffen bin und bislang nie die Chance hatte, etwas dazu zu sagen.

Ich, männlich: Und jetzt wirst du wahrscheinlich in deiner freundlichen Art andeuten wollen, daß ich daran schuld bin, oder?

Ich, weiblich: Ach, mit der Schuld ist das so eine Sache. Du hast es für normal gehalten …

Ich, männlich: Was nun schon wieder? Jetzt willst du sagen, ich sei nicht normal. Natürlich, es läuft bei dir immer auf eine Gemeinheit hinaus.

Ich, weiblich: –

Ich, männlich: Was ist? Nun sag schon was!

Ich, weiblich: Du bist ein merkwürdiger Patron. Läßt man dich in Ruhe, ist es dir nicht recht; spricht man aber mit dir, bist du ständig bereit, alles, was man dir sagt, für einen persönlichen Angriff zu halten.

Ich, männlich: Das ist nicht wahr!

Ich, weiblich: Und wenn ich tatsächlich mal etwas an dir kritisiere, reagierst du wie ein gereiztes Wildschwein. Akzeptiere eine andre Meinung doch erst einmal, dann kannst du immer noch deinen Senf dazugeben. Vor allem aber solltest du sehen, daß wir aufeinander angewiesen sind; allein haben wir keine Chance, ich nicht, und du schon gar nicht, wie du ja wohl langsam begriffen haben solltest.

Ich, männlich: Aber du hast nun mal angedeutet, ich sei nicht ganz normal …

Ich, weiblich: Es ist schwer mit dir. Nein, ich habe es nicht angedeutet.

Ich, männlich: Aber du glaubst es, gib es zu!

Ich, weiblich: Normal? Oh doch, du bist normal, der Norm entsprechend, in der Norm liegend, wie alle anderen, keine Ausnahme, nicht herausragend, durchschnittlich also, geborgen in der Norm der Masse, in der Norm des kleinsten gemeinsamen Nenners. Du bist normal, sicher.

Ich, männlich: Und du willst mir helfen!

Ich, weiblich: Was anderes als Offenheit kann dir, kann uns – um es noch einmal zu erwähnen – , helfen. Aber es nützt überhaupt nichts, wenn ich es dir sage und du es nicht selbst siehst. Es nützt nichts, wenn ich sage, daß es in dir wie auf einer Müllkippe der menschlichen Kultur aussieht. Alles, was wohlfeil war und leicht genießbar, hast du gierig gegriffen; und immer nur das Schnelle, das Eingängige – und selbst davon konntest du nur die Klischees gebrauchen, das sich immerfort Wiederholende. Bloß um aus deinem Alltagstrott herauszukommen. Billiger ging es nicht mehr, nicht wahr? Ob nun aus dem Fernsehen, aus dem Radio, aus dem Kino, aus Büchern, Zeitschriften, Kassetten, Platten – alles hast du erst einmal plattgewalzt, um es in deinen schmalen Mund zu kriegen – anstatt ihn voll aufzureißen. Anstatt die dicken Brocken vom Leben abzubeißen, mußtest du dich mit der Fastfood-Diät begnügen. Nur die billigen Sensationen, die dich jetzt ankotzen. Wie lief es denn immer? Mit der Zigarettenreklame warst du im Grand Canyon, mit der Bierwerbung auf 'nem Hochseeturn, und die Schokolade brachte dich mühelos in die Alpen. Ausstieg für Sekunden. Und dann rein in die Abziehwelten, weil die Sekunden nicht reichten; mußten Stunden und Tage werden. Ich denke, jetzt hast du es endgültig geschafft, ach, was soll's …

(Tonzitate TV3 und TV20)

13

Arzt 2: Ich hatte versucht, Sie darauf vorzubereiten – geht es Ihnen jetzt wieder etwas besser?

Ehefrau: Es geht, es geht schon, danke.

Arzt 2: Wenn Sie sich eine Weile ausruhen möchten, um wieder zu sich …

Ehefrau: Nein danke, es geht wirklich. Aber … so schlimm hatte ich es mir nicht vorgestellt.

Arzt 2: Ich habe mir die Sache inzwischen ein wenig durch den Kopf gehen lassen. Und ich habe da eine Idee. Hat Ihr Mann sich … Könnte man sagen, daß er sich immer tiefer in seine Filme und seine Bücher hineingegraben hat, daß er , wie soll ich es sagen, daß er immer mehr versucht hat, nur noch in diesen Kunstwelten zu leben.

Ehefrau: Anfangs, anfangs ja. das könnte man so sagen. Es war schon richtig schlimm.

Arzt 2: Sie meinen, dieses Verhalten wurde immer extensiver?

Ehefrau: Extensiver?

Arzt 2: Nun, verbrachte er zunehmend mehr Zeit damit? War er nur schwer wieder in den Alltag zurückzubringen? Hatte er Probleme, sich in der Wirklichkeit zurechtzufinden?

Ehefrau: Ich weiß nicht, wie Sie was meinen.

Arzt 2: Nun, vielleicht eins nach dem anderen. Es stimmt also, daß er immer mehr Filme sah?

Ehefrau: Ich sagte doch, erst einmal tat er das wirklich. Aber später dann, also, in den letzten Wochen …

Arzt 2: Ja?

Ehefrau: … da hörte das fast wieder auf. Oder eigentlich auch wieder nicht. Außerdem hat er da ja eigentlich nur noch gelesen – sagte ich doch wohl schon.

Arzt 2: Gelesen, hm. Und er hat dann immer mehr gelesen, immer neues Sachen, ja?

Ehefrau: Neu? Neu war für ihn doch kein Buch mehr. Er hatte einfach schon alles gelesen. War ja immer dasselbe, sagte er selbst. Kaum hatte er ein neues Buch angefangen, konnte er nach zehn Seiten sagen, wie es weiterging und was alles passieren würde. Er las ja überhaupt bloß noch diese Weltraumdinger zum Schluß.

Arzt 2: Weltraum … hm.

Ehefrau: Gleich nach dem Abendbrot war er schon im Bett und hatte so 'nen Schmöker vor der Nase, und das so bis nach Mitternacht. Wo er doch immer so früh raus mußte …

Arzt 2: Und das blieb so bis zuletzt.

Ehefrau: Schon. Das heißt, manchmal hatte ich den Eindruck, er starrt bloß so in das Buch hinein und vergißt das Umblättern. Hat die Augen offen und stiert bloß immer in sein Buch rein.

Arzt 2: Und was hat er gesagt?

Ehefrau: Wozu?

Arzt 2: Na, Sie werden ihn doch wahrscheinlich gefragt haben, ob ihm was fehlt, warum er nicht weiterliest, was er liest – was auch immer. Wie hat er reagiert, wenn Sie mit ihm darüber sprachen?

Ehefrau: Gar nicht.

Arzt 2: Was gar nicht?

Ehefrau: Ich meine, ich hab ihn nicht gefragt. Wozu auch? War halt so ’n Tick von ihm, die Sache mit den Büchern, wie vorher die Sache mit den Action-Filmen, oder was er auch immer machte. – Gab eben wenig zu reden. Auf der Arbeit war’s immer dasselbe, und sonst … Ach, ich weiß nicht. Ich versteh’ nicht, warum …

Arzt 2: Exakt das ist die Frage: warum? Wahrscheinlich ist es wichtiger, hierauf eine Antwort zu finden, als zu erklären, wie er es geschafft hast, sich derart von aller Welt abzukapseln. Diese Energie und diese Konsequenz – all das erinnert mich sehr an Autismus – was natürlich keinesfalls zutreffen kann. Und doch …

Ehefrau: Aber irgendwie muß man ihn doch wieder aufwecken können!

Arzt 2: Er schläft nicht, liebe Frau. Sie können mir da glauben – mit seinem Körper können wir sonstwas machen – in seine Träume kommen wir nicht herein.

Ehefrau: Er träumt also doch?

Arzt 2: Pardon, auch das ist leider eine unbeholfene Analogie dessen, was wirklich in seinem Gehirn abläuft. Tatsächlich gibt es Ähnlichkeiten zu dem Hirnstrommuster eines Träumenden. Dennoch ist er im präzisen Wortsinn völlig wach, und er erlebt sehr intensiv, was auf seiner geistigen Bühne abläuft. Zumindest vermuten wir das. Leider geht das alles auf Kosten eines extremen Raubbaus an seiner Physis. Ah – je heller die Flamme drinnen brennt, desto rascher schmilzt außen das Wachs – wenn Sie den Vergleich gestatten.

Ehefrau: Meinen Sie, er will nicht zurück?

Arzt 2: Die Frage ist sehr interessant. Wir wissen es nicht. Ich vermute aber, er ist auf einer selbst gewählten Einbahnstraße, und sie führt gewissermaßen bergab, will sagen, daß es für ihn leicht und angenehm sein dürfte, sich weiter und weiter treiben zu lassen, immer weiter von uns weg. Ob er jetzt noch umkehren könnte und inwieweit sich dieser Prozeß bereits in einen irreversiblen Zwangsmechanismus verwandelt hat, weiß ich nicht zu sagen. Er hat sich in seinen Medienwelten versteckt, anfangs vielleicht freiwillig; wer vermag zu sagen, ob er es nicht bereits bereut.

Ehefrau: Aber wenn er das selbst gewollt hat, warum hat er denn vorher nichts gesagt? Es lief doch alles wie immer bei uns, mal ging's besser, mal schlechter, nun ja, aber im allgemeinen …

Arzt 2: Was meinen Sie, war Ihr Mann glücklich?

Ehefrau: Glücklich? Glücklich? Was meinen Sie'n damit? – Klar, klar war er … Er hat sich auch so gefreut, als wir vor 'n paar Jahren das Grundstück am See … Oder im Urlaub, da hatten wir immer 'ne schöne Reise … Glücklich …?

Arzt 2: Nein, ich meine nicht nur einfach Freude oder Spaß. Ich spreche von Glück. Sehen Sie, vielleicht ist die Frage auch etwas unvermittelt. Aber dennoch … Wer spricht heute noch von Glück, werden Sie sagen. Was könne wir mehr verlangen in unserer Zeit – ist es das, was Sie denken? – Ich will Ihnen ja keinen Vorwurf machen. Wir sind mit verdammt wenig zufrieden geworden, heutzutage. Wir haben so viel und wollen so wenig … – Aber das wollte ich nicht sagen. oder nein, natürlich wollte ich das sagen, und es hat wohl auch mit Ihrem Mann zu tun, könnte ich mir vorstellen. – Wissen Sie, die meisten Leute haben tatsächlich vergessen, was Glück ist, das wir ein Recht darauf haben. Man bescheidet sich mit den kleinen Freuden des Alltags, und bald hat man vergessen, daß es darüber hinaus noch etwas gibt. daß man mehr fordern darf, mehr fordern muß vom Leben, sich eben nicht bescheiden darf. Man muß, denke ich, alles wollen – oder man kann es gleich sein lassen. – Ja, ja natürlich bekommt man nicht alles, was man will – aber wenn man bereits auf das

Wollen verzichtet, freiwillig verzichtet, dann bekommt man gar nichts. Und man verdient es dann wohl auch nicht besser …

(Tonzitate F3 und F4)

14

Erzähler: Der milde Schimmer des Mondes füllt den Horizont und verwandelt sich in das gnadenlos flimmernde melierte Weiß eines Fernsehschirms nach Sendeschluß; ein überlautes Rauschen tyrannisiert die Welt. Doch nach wie vor bewegen sich Textteile auf diesem Hintergrund, langsamer jetzt. Sie kriechen nur noch, halten inne und beginnen zu wachsen. Die Buchstaben bewegen sich auf ihn zu, werden größer, und schnell kann er nur noch wenige Sätze überschauen, wenige Worte jetzt. Und drohend schieben sich jetzt einige Buchstaben derart auf ihn zu, daß nichts anderes neben ihnen mehr Raum hat. Ihre Größe ist auch nicht annähernd abschätzbar. Himmelhoch ragt ein einzelnes O vor ihm auf und kommt mit unheimlicher Konsequenz näher und näher. Nichts an Grausamkeit überbietet diese unaufhaltsame Annäherung eines einzelnen Buchstabens …

(Tonzitate TV25 und F2)

15

Ich, weiblich: Na, du steckst ja ganz schön in der Scheiße.

Ich, männlich: Solche Worte aus deinem Mund?

Ich, weiblich: Ich versuche, dir entgegenzukommen.

Ich, männlich: Außerdem, ich denke, wir sitzen in einem Boot. das sagst du doch immer, nicht wahr. Also stecken wir beide …

Ich, weiblich: Du hast natürlich recht. Obwohl ich wirklich wünschte, auch in diesem Fall würde das Verursacherprinzip gelten; dann hättest du die Sache selber auszubaden.

Ich, männlich: Hat es Sinn, mit dir zu streiten?

Ich, weiblich: Würde es dir denn Spaß machen?

Ich, männlich: Ich geb's auf. Ich verstehe dich einfach nicht. Du hast eine verdammte Neigung, ständig und in den unpassendsten Situationen herumzublödeln. Nie kriegt man ein klares Wort aus dir heraus, aber …

Ich, weiblich: Jetzt übertreibst du aber!

Ich, männlich: … ich habe so eine dunkle Ahnung, als würde ich mit dir abfinden müssen – in Zukunft.

Ich, weiblich: Eine erfreuliche Ahnung. Vor allem, weil du von einer Zukunft sprichst. Das hätte ich nicht erwartet. Wenn ich ehrlich sein soll …

Ich, männlich: Ach, du könntest auch anders?

Ich, weiblich: … habe ich in punkto Zukunft keine großen Hoffnungen.

Ich, männlich: Ich denke, du wolltest mir helfen.

Ich, weiblich: Uns.

Ich, männlich: Dann eben uns.

Ich, weiblich: Willst du denn Hilfe? Wirkliche Hilfe?

Ich, männlich: Hm.

Ich, weiblich: Na?

Ich, männlich: Versuch dein Glück.

Ich, weiblich: Das hat mit Glück wenig zu tun.

Ich, männlich: Was soll ich …?

Ich, weiblich: Erinnere dich …

Ich, männlich: Woran?

Ich, weiblich: An dein Leben.

Ich, männlich: Was? Mehr nicht.

Ich, weiblich: O, das ist schwer genug. Schau zurück, doch … schau richtig hin … und triff deine Wahl.

Ich, männlich: Aber was würde das ändern?

Ich, weiblich: Vielleicht nichts, vielleicht alles.

Ich, männlich: Habe ich den noch Zeit? Sieh doch!

(Tonzitate TV12 und TV26)

16

Erzähler: Plötzlich ist Stille. Das O stoppt, steht einige Sekunden reglos da, in den schmutzigweißen Himmel ragend, alles beherrschend, tiefschwarz und glatt wie Glas. Nichts scheint sich in dieser Welt mehr verändern zu können – so endgültig regiert das O alles Sein. Doch etwas geschieht, und es geschieht lautlos und unendlich langsam: das O beginnt sich wenig, ganz wenig nur, aus der Senkrechten zu neigen, vornüber, auf ihn zu. Einmal aus dem Gleichgewicht geraten, beschleunigt sich der Fall; der Himmel scheint einzustürzen. Das O donnert auf die Ebene hernieder – der Nachhall läßt die Luft vibrieren. – Das O hat ihn eingeschlossen; hochauf ragen rings um ihn die Innenwände des O, massiv und kalt und schwarz und glatt. Gleich einer unübersteigbaren Mauer. Wieder herrscht Stille. Und wieder trügt die Stille – denn nun entfernt sich die konkav Rundung vor ihm, weicht zurück, langsam zunächst, dann aber schneller werdend. Das liegende O, in dessen Mitte er sich hilflos und allein fühlt, klein und sehr menschlich – denn nichts mehr gehorcht seinem Willen – das liegende O gleitet , nein rast nun bereits über die Ebene hin. Tief holt er Luft – denn er weiß, was mit Notwendigkeit hinter seinem Rücken geschieht. Ein Schrei kommt über seine Lippen, der Schrei „Hilf mir! Ich will nicht!“ Und das ändert alles.

(Tonzitate F1 und TV17)

17

Arzt 2: … nein, ich kann nicht mit Gewißheit sagen, daß wir diesen ausgelaugten Körper wieder zum Funktionieren bringen werden, aber wir werden unser bestes tun, und in diesem Fall kennen wir wenigstens unsere Möglichkeiten. Eine Chance hat er.

Ehefrau: Wird er wie früher werden?

Arzt 2: Das sicher nicht. Niemand weiß, was er durchgemacht hat.

Ehefrau: Sie meinen in der einen Woche, als er verschwunden war?

Arzt 2: Ich meine das, was sich in seinem Kopf abgespielt hat.

Ehefrau: Wird er …?

Arzt 2: Er wird geistig normal sein, hoffe ich. denn: wie auch immer er es geschafft hat zurückzukommen, es war sein Werk. Er wollte es. Es ist ein Wunder.

Ehefrau: Ich habe schon nicht mehr daran geklaubt, daß er geheilt werden könnte.

Arzt 2: Geheilt? Vielleicht, doch – wovon?. Glauben Sie bitte nicht, daß jetzt die Probleme vom

Tisch wären. Jetzt erst wird er darüber sprechen können. Machen Sie sich auf allerhand gefaßt!

(Musikalischer Nachspann)

Mord im Paradies

2. Teil der Hörspiel-Folge „Penny & Mark“

Die Personen

Penelope von Borg (Penny), 39, Journalistin
Mark Winter, 40, Privatdetektiv
Eddi Arnoldt, 48, Faktotum

Señor Huarte, 58, Immobilienhändler
Señor Villamediana, 60, Immobilienhändler
Señor Caveda, 63, Buchhalter
ein spanischer Kriminalkommissar (Polizist)

Sprecher des Vorspanns

Señor Villamediana und Señor Caveda werden leider umgebracht, bevor sie zu Worte kommen könnten; ebenso stumm ist die Rolle eines im Wasser treibenden Schornsteinfegers

Sprecher: Penelope von Borg und Mark Winter sind, begleitet von ihrem Faktotum Eddi, mit einer Motorjacht unterwegs. Penny ist Journalistin, Mark Abenteurer und Detektiv. Sie suchen den Hochstapler Carl Schultz, der als Psychotherapeut Pennys Vertrauen mißbrauchte. Er entwendete unter anderem eine Bibel, in der die Ziffern eines von Penny geerbten Schweizer Nummernkontos notiert sind. Ohne die Zahlen bleiben mehrere Millionen unerreichbar. Also verfolgen sie den Dieb und lassen sich nicht abschütteln, auch wenn sie dabei mehrfach die Weltmeere durchfahren müßten.

I

(Pennys Apartment, Penny sitzt am Computer, Tippgeräusche)

Mark: Hast du das gelesen?
Penny: Was?
Mark: Na hier, die letzten Berichte über unsere Eskapade im Hafen. Eine geschlagene Woche hält sich die Boulevard-Journaille nun schon an dem Waffenschieberring fest, den wir zerschlagen haben.
Penny: Journaille möchte ich nicht gehört haben!
Mark: Verletzte Berufsehre?
Penny: Unsinn. Du sollst nur nicht alle in einen Topf werfen.
Mark: Aber ich bitte dich. Was die aus uns gemacht … warte, hier steht's … „der eiskalte, durch keine Gefahr abzuschreckende amerikanische Detektiv Mark Winter“ undsoweiter undsoweiter „blieb dort hartnäckig auf der Fährte, wo unsere im Alltagstrott versauerte Polizei wieder einmal ihre Unfähigkeit bewies …“ Das scheint mir nun doch etwas starker Tobak. Fällt dir auf …?

Penny: Mir fällt vor allem auf, daß da nur von einem Detektiv die Rede ist. Außerdem: hattest du vielleicht ganz aus Zufall vergessen zu erwähnen, daß du mit dem Mark Winter, den die da gerade zu einer Riesenluftblase aufgepustet haben, weil in der Politik im Sommerloch nichts besonderes los ist, nicht identisch bist?

Mark: Vergessen würde ich nun nicht sagen. Es hat mich eigentlich keiner danach gefragt. – Das heißt: nein! Ich hatte doch laut und deutlich erzählt, daß es da einen berühmten Doppelgänger …

Penny: Ich weiß, dem Kommissar hast du's erzählt, aber nicht der Presse.

Mark: Könntest du jetzt mal bitte von dem Thema runterkommen! Ich hab nämlich etwas wirklich Wichtiges.

Penny: Na hör mal, wer hatte denn damit angefangen?

Mark: Darf ich jetzt?

Penny: Schieß los. Du machst es ja mordsspannend.

Mark: Genau darum geht es. Ich habe in den letzten Tagen gleich drei Aufträge reinbekommen. Weiß der Teufel, wie die meine Adresse rausgekriegt haben …

Penny: Du hast deine Telefonnummer der Presse sehr bereitwillig mitgeteilt.

Mark: …äh, jedenfalls ist da was Vielversprechendes dabei: Mord an einem Schornsteinfeger. Die Leiche samt der Tatwaffe, ein äh, warte, hier steht's eine .38er, ist spurlos verschwunden, der einzige Zeuge auch und ich soll …

Penny: Mark!

Mark: Äh, ja?

Penny: Vergiß es!

Mark: Aber der Fall könnte …

Penny: Ich sagte vergiß es. Unser Mann heißt Carl Schultz und ist alles andere als ein Schornsteinfeger. Oder bereust du schon, dich auf meinen Fall eingelassen zu haben?

Mark: So werden junge hoffnungsvolle Talente bereits im Kein erstickt!

Penny: Es ist deine Entscheidung. Wenn du Schultz sausen lassen willst, bitte, ich dachte nur …

Mark: Nein, nein, Ich stehe zu meinem Wort. Aber versteh' doch bitte, plötzlich regnet es Aufträge, von denen jeder andere Detektiv nur träumen würde …

Penny: Von erschossenen Schornsteinfegern?

Mark: Nun hör' schon auf. Hast du wenigstens was über Schultz in Erfahrung gebracht.

Penny: Nein, noch nicht. Ich bin gerade dabei, mich mal ein bißchen im Computer umzusehen.

Mark: In deinem Computer?

Penny: In einigen fremden Computern, wen ich genau sein soll. Und das braucht Geduld. Machst du mir inzwischen einen Kaffee?

(Zwischenmusik)

II

(Die Pfeife eines Wasserkessels ertönt. Kaffee wird gebrüht und umgerührt, eine Computertastatur klappert)

Mark: Willst du mir nicht erklären, wie du Schultz mit deinem Computer finden willst?
Penny: Ich will nicht.
Mark: ?
Penny: Ich habe schon – zumindest seine Spur. Es war doch klar, daß Schultz so schnell als möglich verschwinden wollte und wahrscheinlich ins Ausland. Denn er mußte doch damit rechnen, daß ich ihm die Polizei auf den Hals hetzen würde. Da war das Flugzeug das wahrscheinlichste Transportmittel.
Mark: Ja und?
Penny: Ich habe einfach in den Buchungslisten der wichtigsten Fluggesellschaften geblättert …
Mark: Das kann man so einfach?
Penny: Nun, so einfach nun wieder nicht. Man muß schon wissen, wie man in das System reinkommt …

Mark: *(versteht nichts, will es aber nicht zugeben)* Aja, natürlich.

Penny: Und da die fragliche Zeitspanne ziemlich eng eingegrenzt werden kann, kommen nur wenige Flüge in Frage.

Mark: Und in den Passagierlisten hat dein kluger Computer Arthur den bösen Carl Schultz gefunden?

Penny: Genau. Fast zu leicht. Er hatte wohl noch nicht einmal Zeit genug, sich einen falschen Paß zu besorgen.

Mark: Oder er fühlt sich verdammt sicher, sobald er deutschen Boden verlassen hat. Wohin hat er sich denn nun abgesetzt?

Penny: Moment, das kriegen wir gleich schriftlich.

(Ein Drucker arbeitet)

Mark: Zeig mal bitte. *(beginnt zu lachen)* Grandios. Weißt du, wohin Schultz geflohen ist? Das errätst du nie! Mit British Airways von Hamburg nach Frankfurt.

Penny: Mist!

Mark: Tja, da müssen wir wohl wieder von vorn anfangen. Liebe Frau von Borg, darf ich Sie bitten, sich wieder dem schlauen Arthur zuzuwenden, während ich zu erkunden versuche, ob der Kaffee sich nicht in Gesellschaft eines Whiskys wesentlich wohler fühlen würde?

Penny: Wieso? Wir müssen nach Frankfurt, und zwar schnell!

Mark: Du denkst, Schultz ist noch in Frankfurt? Glaube ich nicht. Er hat einen guten Trick gefunden, seine Spur in aller Eile dennoch etwas zu verwischen, denke ich. Er wird gleich nach irgendwohin weitergeflogen sein, und diesmal vielleicht nicht mehr unter seinem richtigen Namen. An die Arbeit, Gnädigste!

(Zwischenmusik)

III

(Immer noch in Pennys Apartment, Mozarts Linzer Symphonie als sehr leise Hintergrundmusik)

Penny: Wenn du recht hast, dann hat sich Schultz in Frankfurt höchstens drei, vier Stunden Aufenthalt gegönnt. Ich habe alle Passagierlisten im Computer, aber Fehlanzeige, kein Dr. Schultz. Ich sag ja, deine Vermutung war doch zu abenteuerlich. Der ist irgendwo in Frankfurt selbst untergetaucht oder in der näheren Umgebung. Wir müssen hin.

Mark: Moment doch, Moment doch. Wo er doch weiß, daß du ihm auf den Fersen bist? Vor dir würde ich wahrscheinlich auf dem direktesten Weg zum Nordpol fliehen und dort auf eine Marsrakete warten. Nein, nein, ich kann einfach nicht glauben, daß Schultz derart leichtsinnig sein sollte. Zeig' mir doch mal die Listen, bitte.

Penny: Hier, du brauchst bloß mit dieser Taste …

Mark: Die da?

Penny: Ja. Damit kannst du weiterblättern und mit

der wieder zurück. Aber ich warne dich, wenn du alle Passagierlisten einzeln durchsehen willst, brauchst du ein paar Stunden.

Mark: Ach, ich will bloß mal ein paar Stichproben ... Stundenlanges Starren auf diese Mattscheibe liegt mir ohnehin nicht. *(tippt vier, fünfmal auf eine Taste)*

Penny: Dann geh ich schon mal meine Sachen für Frankfurt zusammenpacken.

Mark: Sachenpacken ist gut, aber nicht für Frankfurt.

Penny: Wieso?

Mark: Es geht nach Las Palmas.

Penny: Wieso?

Mark: Weil unser lieber Schultz dort ist.

Penny: Wieso?

Mark: Ich habe dich selten so monoton erlebt. Schau doch mal hier, tja, das richtige Fingerspitzengefühl macht's eben!

Penny: Du hast ihn? Das kann nicht sein. Wo?

Mark: Lufthansa-Flug LH 190 ab Frankfurt 13.30, gebucht bis Gando, Las Palmas!

Penny: Gando?

Mark: Einziger Flughafen auf Gran Canaria.

Penny: Ich bin beeindruckt. Und wo siehst du Schultz?

Mark: Ich hatte schon recht, diesmal ist er nicht als Dr. Carl Schultz geflogen ...

Penny: Sondern?

Mark: Als Dr. Carl-Schultz; er hat es irgendwie hingekriegt, Vor- und Nachnamen durch einen

Bindestrich zusammenzuziehen. Dadurch erscheint er in jeder Liste unter C statt unter S. Einfach, aber genial, wenn man in der Eile keinen falschen Paß kriegen kann!

Penny: Das glaub' ich einfach nicht! Das gibt es nicht! Du greifst einmal in den Heuhaufen und hast die Nadel!

Mark: Nenne es männliche Intuition!

Penny: Oh Gott!

Mark: Das zeigt nur, daß ich mein Honorar wert bin. – Also, worauf warten wir? Auf nach Gran Canaria. Ist ohnehin das bessere Wetter dort. Hast du einen Flugplan?

Penny: Wollen wir hoffen, daß er nicht noch mal gleich weitergeflogen ist. Aber wir werden nicht fliegen. Keiner kriegt mich mehr ein einen Jet. Wir nehmen mein Boot.

Mark: Bist du wahnsinnig? Geographisch gesehen gehört Gran Canaria zu Afrika. Und du willst mit einem Boot …?

Penny: Worauf du dich verlassen kannst.

(Zwischenmusik)

IV

(Jachthafenatmosphäre, Möwen schreien, Takelage quietscht, Wellen schwappen gegen Bootsrümpfe)

Penny: Hi, Eddi, alles klar?

Eddi: Schön Sie zu sehen, Frau von Borg. Alles klar zum Auslaufen, natürlich. Sie sehen wie immer ausgezeichnet aus, wenn ich mir die Bemerkung gestatten darf.

Penny: Du darfst, Eddi. Leider bist du der einzige, der davon überzeugt ist.

Mark: Ähhm.

Penny: Was wolltest du sagen, Mark?

Mark: Ach, nichts. – Auf diese Nußschale soll ich gehen? Das kannst du nicht von mir verlangen, Penny!

Penny: Ja, und zwar … à tempo. Vorher ziehst du deine Schuhe aus. Eddi wird dir ein Paar Bordschuhe geben, die mir nicht das Furnier ruinieren. Los! Eddi, du zeigst dem wasserscheuen Herrn bitte seine Kabine.

(Sie gehen an Bord)

Penny: Eddi, auf geht's!
Eddi: Jawohl, Frau von Borg!

(Die zwei Motoren der Jacht werden angelassen und touren langsam hoch: das Motorgeräusch ist sehr tief, vibrierend und sehr kraftvoll)

Mark: Und was soll ich jetzt mit meinen Schuhen?
Penny: Das da nennst du Schuhe?. Auch das Problem können wir lösen. Gib her, ich werfe die ausgelatschten Dinger einfach über Bord!

(Sie wirft tatsächlich, es planscht zweimal)

Mark: Meine Schuhe! du kannst doch nicht einfach …! Halt mal, halt! Das schwimmt was im Hafenbecken. Hast du ein Fernglas?
Penny: Natürlich.
Mark: Danke. Tatsächlich! Ein Toter! Wir müssen näher ran! Er ist, hm, ganz in Schwarz … Das glaubt man nicht, der Schornsteinfeger! Mein Fall! Das gibt schon mal 'ne saftige Belohnung … Eddi, abbremsen, wir müssen da rüber!
Eddi: Frau von Borg?
Penny: Unsinn, wir können jetzt nicht stoppen. Bis die Polizei uns wieder weiterfahren läßt, ist eine Woche rum. Kommt gar nicht in Frage! Du kannst ja dem Hafenmeister deinen Fund rüberfunken. Wird dir wieder eine freundliche Presse bringen.

Mark: Aber das ist garantiert mein Schornsteinfeger …!

Penny: Wir sind ohnehin schon aus dem Hafenbecken raus. Du kannst dich doch nicht in jeden Fall reinhängen, der gerade vorbeigeschwommen kommt. Volle Fahrt voraus, Eddi!

Eddi: Es ist mir ein Vergnügen, Frau von Borg!

(Die Motoren gehen auf vollen Schub)

(Zwischenmusik)

V

(Jacht in voller, aber ruhiger Fahrt, Wellengeräusche etc.)

Penny: Mark, du kannst rauskommen! Die Insel ist in Sicht, und es ist ein strahlender Morgen. In einer halben Stunde haben wir festen Boden unter den Füßen.

Mark: *(stöhnt mitleiderregend)* Oh …, das kann doch nicht wahr sein, ich hab' schon geglaubt, wir kommen nie mehr an.

Penny: Wie geht es dir denn heute?

Mark: Sieht man das nicht? Wie gestern und wie vorgestern und wie … Mir ist speiübel. Ich hatte ja gleich so 'ne Ahnung, als sollte ich den Teufel tun, auf deinem Boot mitzufahren.

Penny: Aber du hast es ja gleich überstanden. Außerdem ist es heute morgen wolkenlos, beinahe windstill und eine spiegelglatte azurblaue See begrüßt uns. Schau doch nur!

Mark: Ich sehe es, ich sehe es – soweit meine Augen überhaupt noch in der Lage sind, ihren Dienst zu tun. Seit einer Woche kein Essen und … Moment mal, ich sehe tatsächlich etwas. Da vorn … Gib mir doch bitte mal deinen Feldstecher, Penny.

Penny: Aber gern. Wenn du allerdings schon wieder eine Wasserleiche …

Mark: Eddi, halte schräg nach rechts und nimm Fahrt zurück. *(Die Motoren blubbern nur noch leise)* So, ja, richtig, noch zehn Meter. Siehst du's?

Eddi: Ich sehe es Mr. Winter, wenn ich auch kaum glauben kann, was ich sehe.

Mark: Dann sei doch bitte so freundlich und hole die Leiche an Bord – diesmal.

Penny: Das darf doch nicht wahr sein. Mann, du solltest dich als Bernhardiner zur See registrieren lassen!

(Eddi hat schwer zu tun, einen massigen Körper an Bord zu hieven.)

Mark: Entweder hat man eine Spürnase, oder man hat sie nicht. Du siehst halt einen erfolgreichen Detektiv vor dir …

Penny: Heb' dir das für die Presse auf, ja. Eddi, was ist mit dem Toten?

Eddi: Tja, Frau von Borg, männlich, rund sechzig Jahre alt und massenhaft Übergewicht.

Mark: Und da er noch sein Dinnerjacket trägt, dürfte er nicht gerade beim Baden ertrunken sein.

Penny: Sehr scharfsinnig. Vor allem, wenn man

berücksichtigt, daß Hände und Füße gefesselt sind.

Mark: Danke. – Eddi, hat er noch was in seinen Taschen?

Eddi: Nichts, Mr. Winter, absolut leer, bis auf, warten Sie einen Moment, bis auf drei Visitenkarten in der Jackettasche.

Mark: Ah, drei Spuren! Reich sie doch mal rüber, Eddi.

Penny: Regt sich etwa schon wieder dein Spürsinn? Na, immerhin die erste Regung während unserer Überfahrt. Ich wäre nur froh, wenn Du inzwischen eine brauchbare Idee entwickelt hättest, wie wir unserem Dr. Schultz auf die Spur kommen.

Mark: Dem Heiseren? Keine Sorge, auf dieser Insel kann sich keiner verstecken, jedenfalls nicht vor mir!

Penny: Du offenbarst überraschende Ortskenntnisse. Willst du damit andeuten, daß du schon einmal deinen Fuß auf dieses entzückende Eiland gesetzt hast. Wie hast du das bei deiner „Seefestigkeit“ bloß geschafft?

Mark: Wie Schultz, meine Liebe, per Flugzeug. Wir haben übrigens nicht drei Spuren, sondern nur eine. Die Visitenkarten sind identisch. Ein gewisser Señor Villamediana, der Karte nach ist er im Immobiliengeschäft. Zwei Büros, eins in Playa del Inglés, das andere gleich hier vor uns, in Las Palmas, an der Avenida Marítima del Norte.

Penny: Damit dürfte es sich doch wohl um die Visitenkarten des Toten handeln. Sehr praktisch! Das erleichtert es uns, die lieben Anverwandten zu finden.

Mark: Die Karte des Mörders wäre mir lieber gewesen. – Eddi, wann sind wir im Hafen?

Eddi: Wenn wir uns ranhalten, Mr. Winter, können wir's in zwanzig Minuten schaffen.

Mark: Prächtig, Eddi, dann wollen wir uns mal ranhalten, ich wittere Landluft!

Penny: Das ist keine Landluft, sondern Whisky. Ich gestatte mir, unsere Ankunft mit einem Scotch zu feiern. Wie sieht es mit dir aus?

Mark: Das hält mein strapazierter Magen nicht aus. Frag mich bitte in einer Stunde noch mal.

(Zwischenmusik)

VI

(Großstadtgeräusche in der Nähe eines Industriehafens, Straßenverkehr, häufiges Hupen)

Huarte: Señora von Borg, obwohl die Umstände unseres Zusammentreffens nicht gerade sehr erfreulich sind, will ich Ihnen gestehen, es ist mir eine Freude, Ihre Bekanntschaft zu machen, und ich will Sie herzlich in Las Palmas willkommen heißen. Warten Sie bitte, ich schließe nur das Fenster. *(Die Stadtgeräusche werden leiser)* – Äh, wie bitte, sagten Sie, heißt Ihr Begleiter, Winter? Mark Winter? Der richtige Mark Winter?

Penny: Nun, eigentlich …

Mark: Mark Winter ist völlig richtig. Sehe ich irgendwie falsch aus?

Penny: *(sehr gedehnt)* Mark …?

Huarte: Es ist mir eine große Ehre, Mr. Winter. Nice to meet you, I'm very glad. Ich habe von Ihrem Erfolg in Hamburg gelesen.

Penny: Es war in Bremen, Señor, allerdings …

Mark: *(unterbricht Penny)* Oh, das war eine reine Routinearbeit, glauben Sie mir.

Huarte: Nun, Ihr neuer Fall wird Sie sicherlich interessieren, hoffe ich.

Mark: Mein neuer Fall?

Penny: Woher wissen Sie von …

Huarte: Aber Señora von Borg. Man braucht nur zwei und zwei zusammenzuzählen. Kaum ist mein Kompagnon unter mysteriösen Begleitumständen verschwunden, da taucht ein derart berühmter Detektiv auf der Bildfläche auf, und im Handumdrehen findet er die Leiche von Señor Villamediana. Aber was rede ich, bei der großen Bedeutung des Falles ist es nur natürlich, daß die Gesellschaft den besten Mann engagiert hat.

Mark: Äh, ja, natürlich.

Huarte: Zwar hat es da wohl einige Übermittlungsprobleme gegeben, Sie müssen wissen, unser Vorstand sitzt auf der Isle of Man …

Penny: Isle of Man, aha!

Huarte: Ja, und ich habe lediglich die Nachricht erhalten, man werde uns jemanden schicken, aber ich hätte im Traum nicht gedacht, daß gerade Sie, Mr. Winter …, und so schnell. *(Er wirkt etwas verwirrt.)* Aber ich bin sehr erfreut, wirklich. Wir müssen nur noch über die Höhe Ihres Honorares sprechen – oder hat der Vorstand bereits …?

Mark: Oh, nein, noch nicht … Mein üblicher Satz ist drei …

Huarte: Dreitausend am Tag? Dollar? Geht in Ordnung. Spesen natürlich exklusive. Über das

Erfolgshonorar sprechen wir dann später noch. Darf ich Ihnen hier gleich *(schreibt)* einen Scheck für die ersten zehn Tage überreichen, als Vorschuß. Bitte.

Mark: *(schluckt vernehmlich)*

Penny: Da sich die Details bei näherer Betrachtung als nicht unerfreulich erweisen, sollten Sie uns vielleicht mit einigen Zusatzinformationen versorgen.

Huarte: Oh, Señora von Borg, Sie …

Penny: Ja, wir arbeiten zusammen.

Mark: Äh, für gewisse Aufgaben hat sie sich als sehr hilfreich erwiesen.

Penny: *(zischt)* Darüber reden wir später!

Huarte: Nun denn, folgen Sie mir bitte nach oben. Dort finden wir die nötigen Unterlagen …

(Zwischenmusik)

VII

(Computerklappergeräusche, im Jachthafen an Bord der Jacht Hafengeräusche im Hintergrund)

Penny: Also gut, ich bin einverstanden, dann wird Schultz eben noch zwei Tage warten müssen. Du hast mich überzeugt. Wenn uns dieser Fall schon mal so appetitlich vor die Nase geschwommen ist …

Mark: Appetitlich hat der Dicke nun wahrhaftig nicht ausgesehen. Aber gut. Du hast nun alles in deinen Computer hineingestopft. Was kommt jetzt dabei heraus? Wer ist der Mörder?

Penny: Bleib ernst. Momentan dient mir Arthur nur als Notizbuch. Alle Fakten auf einem Haufen. Aber denken werden wir schon müssen.

Mark: Und was denkt meine Computerbändigerin?

Penny: Überlegen wir gemeinsam, wenn du dich herablassen willst. Was hältst du von dem Verdacht Senors Huarte, der Buchhalter der Firma habe etwas mit dem Mord zu tun?

Mark: Warten wir's ab. Zumindest ist er seitdem verschwunden. Der Dicke …

Mark: Villamediana

Penny: … war einer der mächtigsten Männer auf der Insel.

Mark: Zumindest einer der reichsten, wenn man den Grundbesitz in Betracht zieht. Allein dieser jüngste Hotelneubau bei Port Mogán an der Westküste stellt alles weit in den Schatten, was in Mitteleuropa in Immobilien zu verdienen ist. Wo könnte man sonst eine kilometerlange Steilküste terrassieren und von oben bis unten mit Hotels und Eigentumswohnungen bepflastern!

Penny: Es geht um genug Geld für mehr als einen Mord, in Ordnung. Das aber wirft bloß die alte Frage auf: wer profitiert von Ys Tod?

Mark: Die Frage hätte ja nun eigentlich ich stellen müssen. Hm, vielleicht hat es hier eine kleine firmeninterne Auseinandersetzung gegeben? Sagte Huarte nicht was von einem Vorstand auf der Isle of Man?

Penny: Isle of Man? Das nun sicher nicht. Dort existiert bestenfalls ein Bankkonto und ein Postschließfach. Wenn es noch weitere Geldgeber gibt, sitzen die ganz woanders.

Mark: Woher weißt du?

Penny: Das weiß man. Die Ausnahmen darfst du getrost vernachlässigen. Insbesondere im Immobiliengeschäft.

Mark: Du hältst die ganze Sache also für unseriös?

Penny: Worauf du deine Schuhe verwetten kannst.

Mark: Erinnere mich bitte nicht an meine Schuhe! Die neuen sind nicht halb so bequem!

Penny: Sehen dafür aber schon eher nach einem Detektiv mit einem 3000-Dollar-Tagessatz aus. – In dem Geschäft war derart viel Geld im Spiel, daß es mich nicht wundern würde, wenn ein an die Wand gedrückter Konkurrent einfach zurückgeschossen …

Mark: Villamediana wurde ertränkt!

Penny: Dann versuch den Satz doch mal mit „ertränkt“ zu beenden. Und jetzt bitte ein wenig konzentrierter.

Mark: Bitte. Aber warte doch mal. Ich fand das, was Señor Huarte uns z.B. über das Time-sharing-Konzept seiner Firma erklärte, ganz originell und einleuchtend. Die Sache scheint doch zu funktionieren und ganz mit rechten Dingen zuzugehen.

Penny: Aja? Fragt sich nur, für wen. In diesem Urlaubsparadies wird eine Hotelburg nach der anderen hochgezogen, und bislang ist das noch eine Goldgrube. Eine Investment-Firma, oder ein Consulting-Verein oder wer auch immer macht in Europa ein paar finanzamtscheue Millionen locker …

Mark: Dic berüchtigten Schweizer Zahnärzte?

Penny: In der Art. Sie versprechen kurzfristig hohe Renditen …

Mark: …und haben damit doch auch recht. Mit den Millionen stampft das Unternehmen hier ein neues Hotel aus dem Boden …

Penny: Ja, und dann kommt der Trick: Sie lassen über eine Verwertungsgesellschaft die Zimmer nicht nur einzeln, sondern auch noch wochenweise verkaufen.

Mark: Das Time-sharing-Konzept, ja, habe ich verstanden. Man kauft das Nutzungsrecht an einem Apartment für alle Zeit und kann jedes Jahr einen sorgenfreien und billigen Urlaub auf Gran Canaria genießen. Was funktioniert daran nicht?

Penny: Simpel. Es ist, rechnet man einmal alle Kosten zusammen, eben nicht billig, von den jährlichen Kostensteigerungen einmal abgesehen. Das reißen auch die Tauschmöglichkeiten mit ähnlichen Time-sharing-Gesellschaften in aller Welt nicht raus. Der eigentliche Betrug aber liegt in der Behauptung, man sei Eigentümer der Apartments. Und von wegen Wertbeständigkeit: versuch dein Nutzungsrecht doch mal wieder zu verkaufen.

Mark: Woher weißt du da alles?

Penny: Ich habe mal für eine Artikelserie darüber recherchiert, als jemand die Frechheit besaß, mir im Urlaub so etwas ähnliches aufschwatzen zu wollen.

Mark: Na dann. Ich befürchtete schon, du hättest das alles aus dem geschlossen, was und der Señor Huarte vorsalbaderte.

Penny: Der ist beste Anwerberschule. Auf den würde beinahe jeder reinfallen. Der redet schneller, als du denken kannst. Aber zurück zur Sache. In dem Geschäft ist also ungeheuer viel Geld drin, wenn du nur mal bedenkst, das ein einziges Apartment für schätzungsweise fünfzehn- bis zwanzigtausend Mark die Woche Nutzungsrecht weggeht, vielleicht an die dreißig, vierzig oder mehr Wochen im Jahr an den Mann gebracht werden kann, ein mittlerer Hotelneubau mit fünf Stockwerken mal …

Mark: Ich hab's ja begriffen. Und Señor Huarte vermutet nun, der Buchhalter …

Penny: Señor Caveda.

Mark: … habe versucht, ein herzhaftes Stück aus dem Kuchen für sich beiseite zu schaffen, wurde von Señor Huarte dabei ertappt und …

Penny: Dafür hatte er keinen einzigen Beweis!

Mark: Immerhin ist er verschwunden. Und das Motiv schreit ja richtig.

(Schritte auf dem Steg, Eddi kommt an Bord)

Eddi: Ich bin zurück, Frau von Borg.

Penny: Nun, hat der Hafenklatsch was ergeben, Eddi?

Eddi: Gewiß, Frau von Borg. In einem Hafen kann man alles erfahren, wenn man nicht gerade wie ein turistisches Landei aussieht.

Mark: Du hast es gerade nötig, Eddi.

Eddi: Damit wollte ich in keiner Weise Sie, Mr. Winter … Also ich meine nur, wenn man wie ein Seemann aussieht …

Penny: Wir haben das schon verstanden, Eddi. Also, was gab es Interessantes?

Eddi: Einen saftigen Streit hat's gegeben, Frau von

Borg. Zwischen dem Toten und einem gewissen Caveda. Richtig handgreiflich ist es dabei zugegangen, direkt hier in der Nähe, in einem der Strandcafés, vielleicht drei-, vierhundert Meter von hier. Da haben viele zugesehen. Ganz böse Worte sollen gefallen sein.

Mark: Worum es ging, weißt du nicht zufällig auch, Eddi?

Eddi: Nein, das nun leider nicht, Mr. Winter! Ich konnte nur noch erfahren, daß auch noch ein dritter Mann dabei war.

Mark: Sieh an, wir wandeln auf historischen Spuren: der Dritte Mann!

Penny: Zunächst einmal scheint sich der Verdacht von Señor Huarte zu betätigen.

Mark: Ja, und das geht mir alles viel zu glatt! So einfach können die Dinge doch nicht liegen.

Penny: Manchmal liegt die Wahrheit eben im Einfachen.

Mark: Meine Spürnase …

Penny: Was tut deine Spürnase?

Mark: … sagt leider überhaupt nichts. Ich denke, wir müssen den Buchhalter auftreiben, sonst kommen wir keinen Schritt vorwärts.

Penny: Den selbst die Polizei dieser entzückenden Insel bereits vergeblich sucht? Hast du keine bessere Idee? Den finden wir nie.

Eddi: Wenn ich widersprechen darf, Frau von Borg, ich habe in Erfahrung gebracht, wo er sich momentan aufhält.

Penny: Wie hast du das rausgekriegt, Eddi?!

Mark: Das ist momentan doch herzlich egal! Wo steckt er?

Eddi: An der Südspitze der Insel, Playa del Inglés, in einer neuerbauten Bungalowsiedlung. Ein, wenn ich so sagen darf, glückliches Gespräch in einer Kneipe gegenüber dem Büro lenkte meine Aufmerksamkeit auf eine nicht mehr ganz junge Dame, die …

Penny: Eddi, mach das Boot klar!

Eddi: Äh, ja, gewiß, Frau von Borg, sofort!

(Zwischenmusik)

VIII

(Absterbendes Motorengeräusch, Wellen klatschen gegen die Bordwand)

Penny: Eddi, das Dingi, wir rudern die paar Meter lieber hinüber, es ist recht flach an dieser Küste.

(Penny und Mark steigen ins Beiboot und rudern)

Penny: Ich habe das Gefühl, wir könnten genauso gut auch laufen. Schau dir doch nur diesen phantastischen Sandstrand an, und dahinten türmt sich sogar eine richtige Dünenlandschaft auf, zehn Meter hoch mindestens.

Mark: Die Ausläufer der Dunas de Maspalomas. Dahinter beginnt die Avenida de Alemania, unser Ziel. Wir halten uns am besten etwas rechts, dann müssen wir nicht quer durch die Mini-Wüste.

(Sand knirscht unter dem Bug des kleinen Ruderbootes; sie steigen aus und gehen quer über den Strand.)

Penny: Du warst also tatsächlich schon mal hier.
Mark: Ich war überall schon mal. Du scheinst meinen Worten nicht den rechten Glauben zu schenken.
Penny: Bei dir weiß man nie.
Mark: Mein Gott, ist das eine Sandwüste, man sinkt mit jedem Schritt ein. Komm, bloß raus aus der Suppe hier.
Penny: Wir haben's gleich geschafft. Dahinten sehe ich eine feste Straße. Hast du den Zettel mit der Adresse?
Mark: Nicht nötig. Der Riesenklotz da ist das Riu Palace, vier Sterne und mit bester Aussicht vom Swimmingpool auf die Dünen. Gleich daneben ist unser Ziel.
Penny: Das klingt, als wärst du mal Manager in dem Hotel gewesen.
Mark: Nicht ganz. Etagenkellner.
Penny: Oh!

(Mittlerweile Schritte auf fester Straße; sie klopfen sich den Sand aus den Schuhen.)

Penny: Und nun?
Mark: Gleich links, die Bungalows dort, die zwischen Hotel und Dünen liegen. Auch so eine Time-sharing-Anlage.
Penny: Aber die liegen doch herrlich!
Mark: Hier geht's rein. Der letzte auf der linken Seite.

(Ein Gartentor quietscht)

Mark: Kannst du dir vorstellen, was passiert, wenn hier der Wind von See kommt?

Penny: Nein, was denn?

Mark: Dann sind drei Viertel dieses ausgesucht feinen Dünensandes in der Luft, und du kannst nachher zwei Kilo sogar aus dem Kühlschrank schaufeln.

Penny: Das muß man natürlich wissen.

Mark: Eben. Hier geht's rein. – So ein Zufall, schau dir das Schild an, das hier ist das zweite Büro der Immobilienfirma. Nanu, die Tür ist nur angelehnt.

Penny: Oh, ich glaube, der Besitzer konnte sie nicht mehr schließen.

Mark: Ah, warum?

Penny: Er baumelt dort an der Decke.

Mark: Der Grund leuchtet ein.

Penny: Ich seh' mich mal oben um. *(Geht einige Stufen nach oben)*

Mark: Dann werde ich mir den Herrn mal etwas näher ansehen.

Penny: *(ruft aus dem oberen Stockwerk)* Die Aussicht ist tatsächlich traumhaft. Und du glaubst nicht, wen ich da gerade über die Dünen eilen sehe – unseren Señor Huarte! So ein Zufall.

Mark: *(kommt ebenfalls nach oben)* Noch ein Zufall? Hier stinkt's doch gewaltig.

Penny: Wo läuft er hin?

Mark: Ich denke, er will quer über die Dünen zu dem kleinen Motorboot da draußen.

Penny: Dann können wir uns Zeit lassen. *(Zieht ein*

Walkie Talkie aus der Tasche, Verbindung mit typischen Knackgeräuschen) Hallo Eddi, hörst du mich?

Eddi: Stets zu Ihren Diensten, Frau von Borg.

Penny: Siehst du den Mann, der da gerade über den Strand auf das Boot zuläuft, etwas östlich von dir?

Eddi: Nun gewiß doch.

Penny: Gut. Das ist unser Mann. Behalte ihn bitte im Auge. Und folge ihm für alle Fälle. Versuch herauszubekommen, wohin er will und ruf zurück. Alles klar?

Eddi: Ich bin nicht sicher, ob es mir gelingen wird, ihm mit einer Hochseejacht unauffällig zu folgen, aber ich will mein bestes tun, Frau von Borg.

Penny: Dann viel Erfolg. Ende.

Mark: Da lag ein formvollendeter Abschiedsbrief auf dem Tisch, dessen Tinte noch nicht trocken ist, während der Tote fast schon steif ist.

Penny: Du meinst, da sollte jemand am Reden gehindert werden?

Mark: Vielleicht sogar das. Zunächst einmal sollte unser hochhängender Freund da unten einen prachtvoll schweigenden Sündenbock abgeben. Er ist der Buchhalter. In seinem getürkten Abschiedsbrief gesteht er den Mord an Señor Villamediana. Weil der hinter seine Unterschlagungen gekommen sei. Wie originell!

Penny: Weiter nichts? Ziemlich gestümpert, finde ich.

Mark: Außerdem entspricht es zu genau der Version, die Señor Huarte uns auf die Nase binden wollte.

Penny: Vielleicht hat er sich in der Eile nichts besseres zurechtlegen können. Wir hatten ihn ja ziemlich überrascht. Und da wir nun plötzlich auf die Spur des Buchhalters gestoßen waren, mußte er handeln. Und er hatte die Augenblicksidee, uns den Buchhalter als Köder hinzuwerfen, klar! Das hieße, Señor Huarte hat uns einen gewaltigen Bären aufgebunden! Als wir mit ihm sprachen, war der Buchhalter überhaupt nicht verschwunden! Dann hat natürlich auch die Polizei nie nach ihm gesucht.

Mark: Dann war Huarte also der dritte Mann, von dem Eddi sprach?

Penny: Wer sonst? Eddi hat gute Arbeit geleistet!

Mark: Wieso Eddi?

Penny: Hätte er nicht so schnell diese Adresse hier herausgefunden …

Mark: Na gut. Man muß auch delegieren können.

Penny: Dennoch, der Zufall, den Mörder gerade noch weglaufen zu sehen, ist doch einfach unglaublich.

Mark: Es ist wie beim Golf: Nur ein guter Spieler kriegt auch mal ein Hole in one. – Señor Huarte muß offensichtlich die Geschwindigkeit unseres Bootes unterschätzt haben, sonst hätte er uns nicht noch den Anblick seines davoneilenden Hinterns geboten und sich fast am Tatort überraschen lassen.

Mark: Der Buchhalter ist aber doch bereits seit ein paar Stunden tot. Was hat er nur so lange hier gemacht?

Penny: Wenn ich das Chaos unten richtig interpretiere, hat sich Huarte intensiv um eine Neuordnung der Firmenunterlagen bemüht. Wenn wir Pech haben, hat er alles ihn belastende Material bereits vernichtet. Wie nageln wir Señor Huarte nun fest? Gut, er hat uns in einigen Punkten belogen, und wir haben ihn von hier weglaufen sehen, doch das ist noch lange kein Beweis, daß er auch einen oder gar zwei Morde begangen hat.

Mark: Er ist jedenfalls Nummer eins auf meiner Liste. – So, und jetzt verschwinden wir von hier, ich denke, wir brauchen dringend eine schöpferische Pause. Am besten im Principado, ein Hotel, ein paar Minuten von hier.

Penny: Warum sollen wir ausgerechnet dorthin?

Mark: Die freundlichste Bar hier in der Nähe.

(Zwischenmusik)

IX

(Baratmosphäre, Gläserklirren, Gespräche an Nebentischen, Musik im Hintergrund)

Penny: Noch eine Flasche, und die Polizei wird unseren Anruf für den dummen Witz eines Betrunkenen halten.

Mark: Noch wissen wir nicht einmal, was wir der Polizei sagen wollen. Ich warne dringend davor, der einen halbgelösten Fall zu präsentieren.

Penny: Warum denn? Sollen die doch auch mal was tun …

Mark: Es könnte gut sein, sie verhaften erst einmal die beiden am ehesten verdächtigen Personen.

Penny: Wer soll das sein?

Mark: Nun, vielleicht glauben sie nicht so recht, daß jemand, der ständig über Leichen stolpert, nur eben wahnsinnig viel Glück hat, sondern, was viel naheliegender ist …

Penny: Du brauchst nicht weiterzusprechen, ich bin überzeugt. Mein Gott! Von der Seite habe ich's noch gar nicht gesehen!

Mark: Und richtig kurios wird es erst, wenn wir erklären sollen, was uns so zielstrebig in dieses Insel- und Immobilienparadies geführt hat!

Penny: Den Schultz kaufen die uns nie ab! Jetzt hilft uns nur noch ein sehr genialer Einfall.

Mark: Hab ich, wir bestellen noch …

(Das Walkie Talkie gibt ein Knacken von sich)

Eddi: Hallo, hallo, hören Sie mich, Frau von Borg?

Penny: Eddi, wo stecken Sie?

Eddi: Jetzt wieder auf dem Weg zurück. Ich bin unserem Mann in großem Abstand gefolgt. Es gab keine Probleme. Offensichtlich kannte er unsere Jacht nicht.

Penny: Und, Eddi, was ist passiert?

Eddi: Ich bin ihm bis in die Höhe eines Leuchtturms gefolgt, parallel zur Küste. Playa de Maspalomas dürfte der Ort heißen.

Penny: Ja, ja, Eddi, und weiter?

Eddi: Dort konnte ich beobachten, wie er eine große Kiste über Bord hievte und eine Unterwasserboje setzte. Um das zu sehen, mußte ich doch näher an ihn ran, und ich fürchte, da hat er Lunte gerochen. Dann hielt er schnurstracks auf die Küste zu, legte an und ging an Land.

Mark: Gib mir mal bitte das Ding. Eddi, hören Sie mich?

Eddi: Aber gewiß doch, Mr. Winter!

Mark: Eddi, Sie sind ein Riesenroß! Sie sollten ihm doch folgen! Er darf uns nicht durch die Lappen gehen! Wenn wir ihn nicht festnageln können, sitzen wir hier ganz schön in der Patsche!

Eddi: Sie werden verzeihen, Mr. Winter, doch ich hielt es für wichtiger, herauszukriegen, was der feine Herr da so sorgfältig auf dem Meeresgrund deponieren wollte.

Penny: Laß mich mal wieder, Mark. Eddi, du hast etwa …

Eddi: Gewiß, ich habe das Küken an Bord. Es war kaum zwanzig Meter tief, und unsere Winde hat gute Arbeit geleistet. Es ist ein mittelgroßer Tresor, wasserdicht.

Penny: Und? Nun spanne uns doch nicht so auf die Folter, Eddi! Kannst du ihn aufkriegen?

Eddi: Aber Sie kennen mich doch, Frau von Borg! Er ist auf. Leider sind nur Papiere drin, Unterlagen über irgendso eine Immobiliengeschichte, Abrechnungsbücher, einige Adressenlisten, ein handgeschriebenes Tagebuch und so weiter …

Penny: Eddi, du bist ein Glückspilz! Das ist genau, was wir suchen! Die Firmenunterlagen und wahrscheinlich die privaten Notizen des Buchhalters! Damit kriegen wir den sauberen Señor. Das also hat ihn so lange am Tatort aufgehalten! *Er* hat alles brav in sein Boot geschleppt, anstatt es zu vernichten. Ich denke, die Unterlagen sind zu wertvoll für ihn. – Wir kommen sofort zum Strand, Eddi. Wir müssen nur noch ein Telefongespräch führen …

(Zwischenmusik)

X

(Im Hafen, auf der Jacht, übliche Atmosphäre)

Polizist: *(spricht wie ein Wasserfall)* Mr. Winter, es ist mir eine große Freude, daß ausgerechnet Sie zufällig über die dunklen Geschäfte des Señor Huarte gestolpert sind. Allein Sie konnten ihm so genial auf die Schliche kommen. – Oh, winken Sie nicht ab; ich habe schon viel von Ihnen und Ihren Erfolgen gehört. Außerdem lese ich die deutsche Presse, wir haben hier sehr viele deutsche Zeitungen, müssen Sie wissen, und ich habe auch gelesen, was Sie in Hamburg …

Mark: Bremen, wenn ich das …

Polizist: Nun, ob nun Bremen oder Hamburg, egal, Sie haben Ihrem Namen jedenfalls alle Ehre gemacht. Oh, wie beneide ich Sie um Ihren Erfolg! Damit hätte ich meine Beförderung verdienen können, aber so …

Mark: Vielleicht können wir Ihre Rolle in diesem Fall etwas …, nun sagen wir …

Polizist: Ein wenig aufwerten, meinen Sie? Oh,

unterschätzen Sie nicht unsere Presse! Die hat sich bereits geschlossen vor meinem Büro versammelt und weiß auch schon so allerhand. Genug jedenfalls, um ausschließlich nach Ihnen zu fragen, Mr. Winter. Nun, ich will nicht undankbar sein. Einem großen Verbrecher ist das Handwerk gelegt worden, das ist erfreulich, aber den Ruhm in dieser Sache werden wohl allein Sie …

Penny: Haben Sie der Presse gegenüber etwa schon Mitteilungen gemacht?

Polizist: Mitteilungen? Was heißt das schon, Mitteilungen? Glauben Sie, man kann eine so große Verhaftung auf einer so kleinen Insel insgeheim vornehmen? Ich habe gesagt, es ist mir eine Ehre, die Beweise für die Verbrechen von Señor Huarte höchstpersönlich aus den Händen des berühmten Mr. Winter empfangen zu dürfen. Und warum auch nicht? Sonst heißt es wieder, die Kleinen hängt man, und die Großen läßt man laufen. Nein, nein, die spanische Justiz ist da äußerst gerecht, und das müssen wir natürlich auch der Öffentlichkeit sagen, das kann man nicht oft genug …

Penny: Darf ich Sie doch kurz unterbrechen? Danke. Haben Sie denn den Señor Huarte denn schon gefaßt?

Polizist: Aber Señora, ich bitte Sie! Wir sind eine ganz kleine Insel. Wo sollte er sich da verstecken? Gleich nach Ihrem Anruf gestern haben wir die Häfen und den Flugplatz gesperrt, und auch die einzige Autobahn nach Las Palmas überwacht. Aber das hat er natürlich geahnt, und er hat versucht, über die Berge einen Umweg zu machen, um zum Puerto de Mogán zu kommen, dort besitzt er erhebliche Ländereien …

Penny: *(leicht ungeduldig)* Ja, ja, wir wissen.

Polizist: … und da liegt auch seine Jacht, nicht so schön, wie die von Mr. Winter hier, natürlich …

Penny: *(räuspert sich)* Hmm, hmm.

Polizist: … aber damit hätte er wahrscheinlich entkommen können. Aber auch wir wußten das. Unsere Polizei ist nicht ganz so untüchtig, wie es ihr oft nachgesagt wird, Señora, äh Señora …?

Penny: von Borg. Schön, daß Sie sich wenigstens nach meinem Namen erkundigen.

Polizist: Oh, als Begleiterin von Mr. Winter, und als eine so hübsche noch dazu, also …, äh, was wollte ich sagen? Ah, ja! *Er* hat versucht, einen Umweg zu nehmen, aber wir haben einfach in den Bergen bei Ayacata eine Straßensperre errichtet, und schon hatten wir ihn!

Mark: Vielleicht sollte ich da doch einige Dinge ins rechte Licht rücken, was Frau von Borg angeht.

Penny: Mark, laß nur, es ist unwichtig. Vielleicht sollten wir dafür nun den Tresor übergeben. Wir haben seinen Inhalt nur oberflächlich geprüft, konnten jedoch feststellen, daß er zweifelsfrei die Schuld des Señor Huarte beweist. Der Buchhalter hatte recht eindeutige Aufzeichnungen gemacht, möglicherweise als eine Art Lebensversicherung …

Mark: Was aber nicht so ganz geklappt hat. Er wußte einfach zuviel, als daß ihn Señor Huarte am Leben lassen konnte. Vor allem wußte er von dem Mord an Señor Villamediana und hatte den Fehler begangen, davon eine Aufzeichnung zu machen.

Penny: … oder aber er hatte die Absicht, etwas an den dunklen Geschäften mitzuverdienen. Das werden wir nun nicht mehr erfahren.

Mark: Tja, manch ein Kompagnon verträgt es auf die Dauer nicht, den ganzen Gewinn auch noch teilen zu müssen! Im Immobiliengeschäft ist halt zuviel Geld zu verdienen, als daß man ungeschoren seine zusammengerafften Millionen genießen könnte. Schade, ich hatte schon erwogen …

Penny Ist ja gut, Mark. Wir haben den Tresor bereits für Sie auf den Steg gehievt, Señor. Wenn Sie schon mal einen Blick hinein werfen wollen?

Polizist: Aber natürlich, Señora. Ich werde auch gleich meine Leute verständigen, um ihn abtransportieren zu lassen. *(Stimme entfernt sich)* Aber das ist nur eine Formsache. Wenn Mr. Winter erklärt der Mann ist überführt … *(geht von Bord)*

Mark: *(leise zu Penny)*: Aber sag mal, warum hast

du vorhin die dünne blaue Akte beiseite gebracht? Willst du sie nicht auch abliefern?

Penny: Ich habe mir gestattet, diese eine Akte zu stibitzen. Und das hättest du wahrscheinlich auch getan, wenn du sie gefunden hättest. Sie enthält eine Reihe von Anlageobjekten hier auf der Insel und anderswo. Und du ahnst nicht, wessen Name auf dem Deckel steht!

Mark: Natürlich ahne ich. Wenn du dich so sehr dafür interessierst, dann steht dort der Name unseres lieben Dr. Carl Schultz. Richtig?

Penny: Volltreffer. Und es ist eine Arztpraxis darunter. Wetten, daß wir Schultz dort ausgraben können?

Mark: Da bin ich leider nicht so sicher. Selbst wenn er dort gesteckt hat. Hast du die Presse vergessen? Während wir hier miteinander reden, sind die ersten Berichte über unser Abenteuer längst erschienen, wenn wir der Redseligkeit unseres Gastes vertrauen dürfen, und ich denke, dies dürfen wir.

Penny: Aber er kannte meinen Namen nicht. Und ich wette, er hat ihn jetzt bereits wieder vergessen. Eigentlich eine Unverschämtheit! Aber vielleicht doch hilfreich für uns. Woher soll Schultz wissen, daß ihm ein Mr. Winter auf der Fährte ist.

Mark: Unterschätze nie den gesunden Instinkt eines guten Verbrechers! Ich fürchte, bei dem Staub, den wir hier aufgewirbelt haben, wird er hellhörig geworden sein. Auch vermute ich, der

Kerl mit dem Fotoapparat gestern war von der Presse. Wenn ich recht habe, ist dein Bild heute schon in der Zeitung. Dein Bild und mein Name – keine schlechte Kombination!

Penny: Mist. Aber wir haben eine Spur: In den Unterlagen steht auch etwas von einigen weiteren Immobilien, die Schultz gehören. Vielleicht ist das ein Ansatzpunkt.

Mark: Reichlich mager. Aber wir werden sehen.

(Eddi kommt schwer bepackt an Bord)

Penny: Eddi! Wo warst du denn die ganze Zeit, und was schleppst du da mit dir herum?

Eddi: Vorräte, Frau von Borg. Wir müssen doch unsere Vorräte wieder auffüllen. Vor allem die Bestände unserer Bar waren bereits arg in Mitleidenschaft gezogen, wozu, wenn ich mir die Bemerkung gestatten darf, Mr. Winter in einem nicht unerheblichen Maße beigetragen hat.

Mark: Dies hast du sehr formvollendet in Worte gesetzt, Eddi. Ich danke dir, daß du nicht direkter geworden bist. Allerdings glaube ich nicht, daß du derartige Unmengen hättest heranschleppen müssen, denn ich werde bei der nächsten Überfahrt nicht mehr an Bord sein.

Penny: Was soll das, Mark?

Mark: Ich bin doch nicht wahnsinnig, mich noch mal den unsicheren Planken dieses Kahns anzuvertrauen! Ich fliege!

Penny: Ach Gott, das ist es! Das bißchen Seekrankheit.

Mark: Danke, mir reicht's. Nie wieder werde ich mein müdes Haupt in einer schwankenden Koje zum Schlafen legen, während der Inhalt meines Magens inzwischen Ringelrein spielt. Danke, ich bin bedient!

Penny: Nun ja, das werden wir ja sehen …

(Abspann)

… und zu Eis sollst du werden!

4. Teil der Hörspiel-Folge „Penny & Mark“

Die Personen

Penelope von Borg (Penny), 39, Journalistin
Mark Winter, 40, Privatdetektiv

Susanne Sonntag, Serviererin, 20, Schwäbin ohne Akzent
Prof. Stephanie Hammer, 39, lehrt Germanistik und spricht fast akzentfrei, aber doch etwas breiter
Dr. Peter Thomas, 44, Naturwissenschaftler
Dr. Snyder, 56, Arzt
Mrs. Bottomfield, 72, Schauspielerin im Ruhestand
Mr. Harvest, 67, Industriemanager im Ruhestand mit ausgeprägtem Selbstbewußtsein und bereits reichlich verkalkt

Sprecher des Vorspanns

diverse Tote, denen es – wie immer – die Sprache verschlagen hat

Sprecher: Penelope von Borg und Mark Winter sind, begleitet von ih rem Faktotum Eddi, mit einer Motorjacht unterwegs. Penny ist Journalistin, Mark Abenteurer und Detektiv. Sie suchen den Hochstapler Carl Schultz, der als Psychotherapeut Pennys Vertrauen mißbrauchte. Er entwendete unter anderem eine Bibel, in der die Ziffern eines von Penny geerbten Schweizer Nummernkontos notiert sind. Ohne die Zahlen bleiben mehrere Millionen unerreichbar. Also verfolgen sie den Dieb und lassen sich nicht abschütteln, auch wenn sie dabei mehrfach die Weltmeere durchfahren müßten.

I

(O-Ton eines Footballreporters der amerikanischen Westküste samt Stadionatmosphäre, überlaut)

Penny: Mark! … Mark!! … Mark!!!
Mark: Was gibt es?
Penny: Stell den Lärm ab!

(Das Radio wird abgestellt, schlagartig tritt Ruhe ein; Mark und Penny sitzen auf dem Achterdeck ihrer Jacht, vor einer Küste vor Anker, von der lebhaftes sportliches Treiben herüberschallt, ohne aber zu stören)

Mark: Was hast du denn?
Penny: Soll ich taub werden? Warum, um Gottes Willen, hörst du dir diesen Schwachsinn an?
Mark: Das gehört unbedingt zur Landessitte! In der Fremde hat man sich anzupassen.
Penny: Auch dafür gibt es Grenzen. Und für mich beginnen diese Grenzen beim Football!
Mark: Sag das bloß nicht laut! In diesem Land

darfst du sein oder glauben, was du willst – aber du solltest es dir verkneifen, Football nicht zu mögen!

Penny: Mir ist schon eher nach Strandvolleyball, und wenn Eddi endlich zurückkäme, könnten wir an den Strand, um diesen herrlich gebräunten Körpern dort ein wenig beim Spiel zuzusehen.

Mark: Ich erblicke dich in einem ganz neuen Licht! Von welchen Gelüsten muß ich da hören? Plötzlich zieht es dich zu bebenden Muskelbergen?

Penny: Du denkst an die falsche Sportart. Außerdem gibt es beim Strandvolleyball häufig gemischte Zweiermannschaften, wenn dich das motivieren kann.

Mark: Ah! *(betont eifrig)* Wo nur Eddi so lange bleibt?!

Penny: Wenn ich mich nicht täusche, steht er da am Strand und winkt. Ich denke, er hat den Mietwagen. Damit beginnt für uns die Arbeit. Schade eigentlich, in dieser Bucht könnte es mir gefallen. Schon der Name läßt einen träumen – Laguna Beach!

Mark: Ich schlage vor, daß wir die Sache etwas ruhiger angehen lassen. Auch eine Sitte dieses Landstriches. Und keine sehr unangenehme. Wie wär's denn zunächst einmal mit einem ausgiebigen Mittagsmahl an Land. Ich kenne da ein geradezu himmlisches Restaurant in South Caost Plaza, nur ein paar Autominuten von hier, direkt am Costa Mesa Freeway …

Penny: Du willst doch nicht etwa sagen, daß du auch hier schon mal warst?!

Mark: Um mich zu wiederholen: ich war überall schon mal. Auf geht's, Eddi ist im Anmarsch; er kann die Stallwache übernehmen.

Penny: Und dann werden wir Carl Schultz ausgraben – und sei es im hintersten Winkel von Los Angeles!

Mark: Ausgraben? Müßten wir in dazu nicht zuvor erst mal beerdigen?

Penny: Also bitte, Mark! – Das heißt, so schlecht ist die Idee nun wieder auch nicht …

(Zwischenmusik)

II

(Mark und Penny sitzen in einem ebenso vornehmen wie teuren – was für die Geräuschkulisse ungemein wichtig ist! – Restaurant, beenden gerade ihre Mahlzeit; gelegentlich Gläserklingen und Gesprächsfetzen im Hintergrund.)

Penny: Der Seewolf war göttlich! Da sagt man den Amerikanern immer nur so eine Fast-food-Kultur nach! Ich leiste hiermit förmliche Abbitte!

Mark: Der Koch ist Mexikaner, der Chef Italiener …

Penny: Ohh!

Mark: Aber keine Sorge: die Preise sind echt amerikanisch – der Größe des Landes wahrhaft angemessen!

Penny: Ich will nicht fragen, woher du die Nationalität des Kochs kennst …

Mark: Ich arbeitete einige Zeit als Kellner in …

Penny: Habe ich es doch befürchtet! Du bist mir unheimlich – und außerdem glaube ich dir kein Wort!

Mark: Ich kann dir gerne …

Penny: Vergiß es! Wollen wir uns jetzt nicht endlich auf unseren Schultz konzentrieren?

Mark: Gern. Ah, Moment, wir bekommen die Rechnung. Nein, laß nur, ich zahle mit der Kreditkarte. So, thank you, Miss …

Serviererin: Thank you, Sir. One moment, please.

Mark: Außerdem bist du gerade dabei, mir den Rest unseres kalifornischen Zinfandél zu verleiden, indem du das Gespräch auf den Heiseren lenkst. Dieser Dr. Schultz ist mir allmählich …

Serviererin: Pardon, Sir, ich höre Sie deutsch sprechen. Hier zunächst Ihre Karte zurück, wenn Sir bitte hier unterschreiben würden … *(Mark unterschreibt)* danke, Sir. Äh, Sir, auf Ihrer Karte steht Ihr Name. Darf ich mir die Frage erlauben, ob Sie der Mark Winter, der Detektiv …

Penny: Jetzt geht das wieder los! Man glaubt es nicht!

Serviererin: Oh, wenn es Ihnen unangenehm ist, entschuldigen Sie bitte, Mr. Winter. Es war nicht meine Absicht … Ich hatte gehofft … Ich weiß doch nicht mehr weiter!

Mark: Nein, nein, es mir nicht unangenehm, keineswegs, es war nur …

Penny: Wir waren nur so überrascht, daß sogar hier jemand mit dem Namen Mark Winter etwas anfangen kann. Entschuldigen Sie bitte, ich wollte nicht unhöflich sein.

Serviererin: Aber Mr. Winter hat doch gerade an

der Westküste einen großen Namen! Seine Fälle sorgen immer für großes Aufsehen.

Mark: *(bekommt einen leichten Hustenanfall)*

Serviererin: Ich darf Sie also um einen Rat bitten? Ich mache mir doch so große Sorgen, und weiß wirklich nicht, wen ich noch um Hilfe bitten könnte. Da las ich Ihren Namen, Mr. Winter, und …

Mark: Beruhigen Sie sich bitte. Wollen Sie sich zu uns setzen? Erzählen Sie, wo liegt Ihr Problem?

Serviererin: Ich bin Susanne Sonntag …

Mark: Auch kein unbekannter Name hier – nicht zufällig Susan Sontag?

Serviererin: Aber nein, ich komme aus Remshalden-Grunbach …

Penny: Ah, aus der lieben Heimat, die Schwäbin hört man Ihnen aber nicht an!

Serviererin: Wenn ich will, schon. – Ich wollte einige Wochen bei meinem Bruder verbringen. Der studiert hier an der University of California, in Riverside. Er hat mich brav vom Flughafen abgeholt und in seinem Apartment untergebracht. Aber er hatte wenig Zeit; da war noch eine Prüfung, wissen Sie. So haben wir nur wenig miteinander gesprochen. Und dann, drei Tage später, war er plötzlich verschwunden, tauchte einfach nicht mehr auf. Seitdem habe ich keine Nachricht und keine Spur von ihm. Oh, es ist einfach schrecklich! Und jetzt muß ich eben irgendwie ohne ihn durchschlagen, mein Geld ist aufgebraucht, das meiste hatte ich für einen Detektiv ausgegeben,und nun weiß weiß beim besten Willen nicht mehr, wie ich Andreas finden soll!

Penny: Beruhigen Sie sich bitte erst einmal.

Mark: Und dann erzählen Sie uns in aller Ruhe, was Sie von dem losen Studentenleben Ihres Bruders wissen …

(Zwischenmusik)

III

(Penny und Mark in einem fahrenden Auto, lebhafter Straßenverkehr ringsum, Autoradio mit Country-Musik halblaut im Hintergrund)

Mark: Ich möchte wirklich wissen, was wir jetzt in Riverside wollen!

Penny: Es war doch deine Idee, dem Mädchen zu helfen, oder?

Mark: Das meine ich nicht, Ich will nur wissen, was wir jetzt in der Uni des Jungen sollen.

Penny: Hast du eine bessere Idee? Die Kleine wußte so erschreckend wenig, daß die Uni der einzige Anhaltspunkt für uns ist. Und dieser Detektiv, der angeblich so einen guten Ruf hat …

Mark: Summers, könnte mein natürlicher Gegenspieler sein.

Penny: … hat ja nun schon erstaunlich wenig herausgefunden.

Mark: Was willst du bei einem solchen Namen erwarten? Summers!

Penny: Hören wir uns doch ruhig mal an der Uni

um. Die Verabredung mit seiner Professorin war schließlich doch auch deine Idee.

Mark: Mir fiel nichts besseres ein. Kannst du deinem Computer nichts entlocken?

Penny: Meinst du, ich kann mit Arthur zaubern? Wo soll ich denn anfangen? Gib mir wenigstens einen kleinen roten Faden.

Mark: Bitte. Er steht dort vorn.

Penny: Wie?

Mark: Die Dame im roten Kleid dort. Das müßte unser Treffpunkt, die Einfahrt zum Campus sein, also unsere Gesprächspartnerin. Halt bitte an.

(Das Auto hält am Straßenrand, das Radio wird ausgeschaltet)

Penny: Meinst du, ich hätte sie sonst über den Haufen gefahren?

Stephanie: Hi. Sie sind Miss Borg und Mister Winter? Ich bin Professor Hammer – nennen Sie mich Stephanie.

Mark: *(sichtlich beeindruckt)* Ha-hallo, Frau Professor. Sie überraschen mich in jeder Beziehung. Ist in Ihrem Kurs noch ein Platz frei?

Penny: Sehen Sie es ihm nach – auch ich hatte eine um wenige Jahrzehnte ältere Dame erwartet.

Mark: *(leicht entrückt)* Ach, wenn es nur das wäre …!

Penny: Würdest du jetzt freundlicherweise dein Balzgehabe einstellen? – Wollen Sie so nett sein, sich kurz zu uns in den Wagen zu setzen?

(Stephanie steigt in den Wagen ein, Türenklappen)

Penny: Übrigens: stammt diese interessante Abhandlung über die Satire Swifts, Diderots und Jean Pauls aus Ihrer Feder?

Stephanie: Sie haben mein Buch gelesen? Ich bin erstaunt! Aber Sie sagten am Telefon, Sie wollten etwas über Andreas Sonntag erfahren.

Penny: Ja, er studiert doch bei Ihnen?

Stephanie: Bis vor kurzem, ja. Jetzt allerdings ist sein Komperatistik-Kurs beendet.

Penny: Von seiner Schwester erfuhren wir, daß er vor etwa zwei Wochen spurlos verschwunden sei. Und wir wollen ihn wieder ausfindig machen. Können Sie uns dabei helfen?

Stephanie: Kaum. Wissen Sie, wir haben jetzt Semesterferien. Es sind kaum noch Studenten da. Ich wüßte nicht, wen wir fragen könnten.

Penny: Hmm. Sackgasse.

Mark: Aber vielleicht können Sie uns etwas Näheres über Andreas sagen. Vielleicht haben Sie gehört, daß er in den Ferien irgendwohin fahren wollte, vielleicht hatte er ein Hobby, das ihn momentan beschäftigt, hatte er sich irgendeiner Studentengruppe angeschlossen und ist mit denen weggefahren.

Penny: Ohne seiner Schwester irgendetwas zu sagen?

Stephanie: So genau kenne ich ihn auch nicht. Allerdings wurde er in der letzten Zeit von den Kommilitonen ziemlich aufgezogen, weil er zu diesen Phönix-Leuten hier in Riverside gehört.

Penny: Phönix?

Stephanie: Ja, eine reichlich verrückte Geschichte. Es handelt sich um eine Gruppe von Leuten, die sich einfrieren lassen wollen.

Mark: Wie bitte?

Stephanie: Eine harmlose Spinnerei, wenn Sie mich fragen. Es läuft lediglich darauf hinaus, daß man testamentarisch verfügt, nach seinem Tode …

Mark: Ach so!

Stephanie: … eingefroren werden zu wollen, in der Hoffnung, daß man irgendwann wieder aufgetaut wird und dann so was wie ein zweites Leben hat. Genaueres weiß ich leider auch nicht.

Mark: Na, das ist doch immerhin schon mal was!

(Zwischenmusik)

IV

(Mark und Penny sitzen in einem stillstehenden Auto, die Tastatur des Computers klappert)

Penny: Ich sagte es ja, gib mir einen roten Faden, und mit Arthurs Hilfe werde ich recht kräftig daran ziehen.

Mark: Ein beeindruckender roter Faden!

Penny: *(abgelenkt)* Wie?

Mark: Oh, nichts, nichts! Hast du was erreicht?

Penny: Was dachtest du? In den USA kannst du so gut wie alles per Datenfernübertragung machen, und das bereits auf völlig legalem Wege.

Mark: Okay. Und?

Penny: Es ist verwirrend viel. Ich sehe noch nicht ganz durch. Auf den ersten Blick würde ich sagen, daß die Phönix Foundation ein kleines, aber absolut koscheres Unternehmen ist. ich will noch einmal ihre Bankverbindungen checken. Vielleicht stattest du den Herren einen kleinen Besuch ab. Derweil bleibe ich im Wagen sitzen und spiele noch etwas mit Arthur, ja?

Mark: Bin schon unterwegs.

(Mark steigt aus, schlägt die Tür wieder zu und geht wenige Schritte über die Straße, klingelt.)

Penny: *(von fern)* Und halt die Augen offen!
Mark: *(nur leise)* Was denn sonst. – Ah, da kommt doch schon jemand.

(Eine Tür öffnet sich.)

Mark: Hi, äh, guten Tag, mein Name ist …
Thomas: *(unterbricht Mark)* Oh, seien Sie willkommen, uns ist jeder Besucher willkommen, Sie dürfen völlig anonym bleiben – wenn Sie wollen. Kommen Sie doch erst einmal herein. Ich bin Dr. Thomas, Dr. Peter Thomas, der leitende Wissenschaftler von Phönix. Sicher darf ich Ihnen etwas über Phönix erzählen, hier haben Sie auch einige Prospekte, kommen Sie nur, wenn Sie gestatten …
Mark: *(kommt nur mit Mühe zu Wort)* Pardon, Mister Thomas, viel- leicht sollte ich doch …, wissen Sie, ich komme auf Empfehlung eines Landsmanns …
Thomas: Sie kommen aus Deutschland? Ja, da können Sie ja nur ein Freund unsres lieben Andreas sein, ja?
Mark: Hm, also, ja. Ich habe ihn einige Zeit nicht … also, wissen Sie vielleicht, wie es ihm geht?
Thomas: Aber ganz prächtig. Wollen Sie ihn sehen? Schön, daß so rasch jemand nach ihm sieht! Das ist gut, da ist der richtige Teamgeist,

der unsere Mitglieder zusammenführt …, kommen Sie nur, gleich hier …

(Sie gehen einige Schritte, eine schwere Metalltür wird geöffnet, Thomas: schlägt mit der flachen Hand auf einen großen Metallbehälter, es dröhnt dumpf)

Thomas: Hier haben wir den guten alten Jungen.
Mark: *(entgeistert)* Wie, Andreas Sonntag ist in diesem Tank?
Thomas: Fühlen Sie ruhig! Erstaunlich, nicht wahr, Sie spüren keine Kälte außen, und doch ist dieser Edelstahltank randvoll mit flüssigem Stickstoff, minus 320 Grad Fahrenheit!
Mark: Wie …?
Thomas: Oh ja, aus Europa: das sind exakt minus 196 Grad Celsius!

(Zwischenmusik)

V

(Im fahrenden Auto)

Mark: … Bloß weg von hier! Ich bin noch ganz fertig! Da führt mich der Kerl in so eine bessere Garage und erklärt, daß in diesem Bottichen ringsum eingefrorene Menschen stecken; und er spricht von ihnen, als könnte er sie morgen wieder auftauen, wenn er wollte! Puh!

Penny: Und du meinst, er wollte nichts verbergen?

Mark: Verbergen? Der? Es hätte nicht viel gefehlt, und er hätte mir einen kurz rausgeholt! Ich mußte sogar nach oben raufklettern und in so einen Tank reinschauen. Drin waren deutlich vier Särge aus Edelstahl zu sehen, und darüber ein paar kleinere Behälter.

Penny: Wozu dienen die?

Mark: Willst du das wirklich wissen?

Penny: Sicher.

Mark: Sie haben eine Theorie, daß es der Medizin einer fernen Zukunft möglich sein wird, die gesamte Persönlichkeit eines Menschen allein aus einem Kopf zu rekonstruieren, auch sei es billiger, nur einen Kopf …

Penny: Du hattest recht, ich will es nicht wissen!

Mark: Halt um Gotteswillen da vorne an. Das sieht nach einem sehr freundlichen mexikanischen Restaurant aus.

Penny: Du willst etwas essen??

Mark: Du überschätzt mich, nein, ich muß dringend etwas trinken!

(Zwischenmusik)

VI

(Im Haus von Stephanie Hammer, auf einer Terrasse, lauer Wind und Vogelgezwitscher ringsum)

Mark: Es ist sehr nett von Ihnen Frau Professor, daß wir uns bei Ihnen ein wenig von diesem Gruselkabinett erholen dürfen. Obwohl schon der Margherita unterwegs nicht unwesentlich dazu beigetragen hat, meine Lebensgeister wiederzuerwecken.

Penny: Du meinst die drei Margheritas? Vor allem ist es sehr freundlich, daß wir Arthur über Ihr Modem ans Netz stöpseln durften. Über unser Autotelefon hatte ich zuletzt doch erhebliche Schwierigkeiten.

Stephanie: Aber das ist doch selbstverständlich. Ich bin noch so schockiert über die Nachricht, daß Andreas Sonntag tatsächlich tot sein soll.

Penny: Ich glaube, wir müssen seine Schwester benachrichtigen.

Mark: Warte noch damit.

Penny: Wieso, ich sehe nicht, daß an der Geschichte etwas faul wäre. Ein tragischer

Unfall auf der Santa Ana Canyon Road, auf dem Weg zur Uni …

Stephanie: Also ganz hier in der Nähe!

Penny: Ich bin auf eine reguläre Polizeimeldung gestoßen. Dann ist sein Körper auf eigenen Wunsch zur Phönix Foundation gefahren und eingefroren worden. Was willst du noch?

Mark: Ich weiß nicht, ich weiß einfach nicht.

Penny: Traust du dem Mann von Phönix nicht?

Mark: Och, der schien mir von der Sache sehr überzeugt, das nicht, nein. Ein harmloser Spinner. Allerdings halte ich das ganze Phönix-Programm für ausgemachten Schwindel.

Stephanie: Wie kommen Sie darauf? Sicher, auch ich glaube nicht, daß es möglich ist, jemals einen der Eingefrorenen wieder aufzutauen und zum Leben zu erwecken …

Mark: Eben, das ist biochemischer Unfug!

Penny: Wieso bist du so sicher? Vielleicht hat die Medizin in zweihundert Jahren tatsächlich die Möglichkeit, gerade die Krankheit, die heute zum Tode führte, zu heilen, und man braucht sich nur so lange auf Eis legen zu lassen und abzuwarten?

Mark: Nichts gegen die Möglichkeiten einer zukünftigen Medizin, die werden phantastischen, gewiß, doch zum einen sind die derart brutal und naßforsch eingefrorenen Körperzellen nie wieder zum Leben zu erwecken; sie sind durch die Bildung von Eiskristallen zerstört, zum zweiten aber, und das wiegt weit schwerer, ist die menschliche Persönlichkeit, dein Bewußtsein also futsch, unwiederbringbar. Die ganze Feinfrosttheorie des Dr. Thomas ist Scharlatanerie.

Penny: Wie kannst du so sicher sein, wenn dir ein Arzt …

Mark: Er ist kein Arzt, er ist Naturwissenschaftler.

Penny: Und du …

Mark: Zwar nur wenige Semester, doch für die Grundlagen hat es gereicht.

Stephanie: Wenn ich mich in Ihre Debatte einmischen darf?

Mark: Aber gewiß doch.

Stephanie: Die Theorie mag eine Illusion sein, doch ich kann nicht einsehen, wer daran Schaden nimmt. Die Leute treten da in so etwas wie einen Club ein, unterhalten sich über die technischen Verfahren des Einfrierens, geben eine eigene Zeitschrift, die „Cryonics“, heraus, ja, sie treffen sich sogar einmal jährlich zum gemeinsamen Truthahnessen! Auch in den Staaten dürfen keine lebenden Menschen eingefroren werden, und was man nach dem Tode mit ihrem Körper macht, dürfte doch reichlich egal sein.

Mark: Hm. Nicht ganz, denke ich. Zunächst einmal werden viele falsche Hoffnungen geweckt, und mit diesen sollte man nicht leichtfertig spielen dürfen. Und dann müssen die Leute, die sich post mortem einfrieren lassen wollen, natürlich dafür zahlen, und nicht unerhebliche Beträge, wie ich der Broschüre des Dr. Thomas entnehme ..., äh, ich hab's gleich *(blättert)*, ich lese hier etwas von 100.000 Dollar für den Ganzkörper.

Penny: Moment mal! Du meinst, diese Cryonic-Gesellschaft hat ein gesteigertes Interesse daran, Kunden zu bekommen und ist keine ganz so uneigennützige Truppe von Spinnern?

Mark: Eben.

Penny: Dann habe ich da nebenbei über Arthur doch was Interessantes erfahren. Es gibt da eine Gruppe von alternden Filmstars und Industrieellen in Palm Springs. Die hatte vor drei, vier Wochen Kontakt zur Phönix Foundation aufgenommen und um nähere Informationen gebeten. Es ging denen vor allem um Berichte der bisherigen Erfolge, wie sicher die Methode sei und wie gut man dann bei Phönix aufgehoben und bewacht werde.

Mark: Und?

Penny: Es lief eigentlich darauf hinaus: Die Phönix-Leute sollten nachweisen, daß bereits ein oder zwei Dutzend anderer Klienten Vertrauen und Geld in das Unternehmen investiert hätten. Begreiflich. Man stelle sich vor, du läßt dich dort einfrieren, und dann macht die Gesellschaft pleite! – Mir kommt da ein ganz gräßlicher Verdacht!

Mark: In dieser Garage sicher und gut aufgehoben? Ich würde sagen, Phönix mangelt es akut an Geld.

Penny: Das sie eventuell von einer Gruppe armer reicher alter Prominenter zu kriegen hoffen!

Mark: Dann setzt dich mal wieder an deinen Arthur, Penny. Wir brauchen Daten über die anderen kürzlichen Verstorbenen, die dann bei Phönix gelandet sind.

(Zwischenmusik)

VII

(Penny und Mark fahren im Auto, im Hintergrund Musik aus dem Radio.)

Mark: Also alle Totenscheine vom gleichen Doktor – bei Unfällen im gesamten Stadtgebiet von Los Angeles? Für die Wahrscheinlichkeit dieses Zufalls kriege ich gleich drei Sechser im Lotto.

Penny: Ich kann's nicht glauben! Alles sieht so legal und sauber aus.

Mark: Acht Unfälle in drei Wochen bei einer Bevölkerung von x Millionen, alle landen in der gleichen kleinen Privatpraxis und müssen dazu zum Teil drei Stunden quer durch L.A. gekarrt werden …

Penny: Okay, du hast mich überzeugt. Und nun?

Mark: Nun? Wir heben das Nest aus.

Penny: Gut gebrüllt, Löwe. Hast du auch ein paar Vorschläge?

Mark: Äh, na ja, wir sammeln ein paar Beweise für die Schweinerei zusammen und liefern die Bande in einer Zelle ab.

Penny: Geht es etwas konkreter?

Mark: Also … wenn du mich so fragst … oh, ich denke, ich sollte dir auch 'ne Chance geben: Was schlägst du denn vor?

Penny: Mir fällt leider nichts besseres ein, als dieser Doktor Snyder.

Mark: Wer ist Doktor Snyder?

Penny: Ebenjener so überaus hilfsbereite Totenscheinlieferant für Phönix. Ich habe mir schon seine Adresse ausgeben lassen und hatte vorhin kurz mal angerufen.

Mark: Grandiose Idee!

Penny: Das muß sich noch herausstellen. Ich habe jedenfalls nur die Auskunft erhalten, Doktor Snyder befinde sich für die nächsten zwei Wochen in seinem Apartment in Palm Springs, ein kleiner Erholungsurlaub.

Mark: Na dessen Praxis muß ja prächtig laufen, ein Apartment, ausgerechnet auf dem teuersten Stück Land weit und breit!

Penny: Wenn unsere Theorie stimmt, ist das kein Wunder. Totenscheine sind halt nicht billig, wenn man sie sehr schnell und von einem stark sehbehinderten Arzt braucht.

Mark: Worauf warten wir dann noch, auf nach Palm Springs. Bei der Gelegenheit können wir uns auch gleich mal mit den potentiellen Klienten für Phönix unterhalten.

Penny: Was glaubst du eigentlich, in welche Richtung ich seit bereits einer Stunde fahre?

Mark: Ist dir übrigens schon aufgefallen, daß wir in

diesem verrückten Land ständig im Auto sitzen?

(Zwischenmusik)

VIII

(Penny und Mark am Rande eines Swimmgpools in idyllischer Parkatmosphäre, Dr. Snyder planscht darin.)

Mark: Oh, bleiben Sie ruhig im Pool, Doktor Snyder. Wir haben nur einige ganz belanglose Fragen an Sie.
Snyder: Was wollen Sie von mir? Lassen Sie mich gefälligst in Ruhe, oder ich rufe den Wachdienst. Wer zum Teufel sind Sie überhaupt?
Mark: Sie werden mich nicht kennen …
Penny: Darf ich mal? Das ist Mark Winter!
Snyder: Mark …?
Penny: Winter! Können wir nun unsere Fragen loswerden? Gut. Doktor Snyder, oder besser, Mister Snyder, wie Sie in Bälde nur noch heißen werden, von Ihrer nächsten Antwort hängt ab, wieviele Jahre Sie künftig in einem kleidsamen Jeansblau und einer Nummer auf dem Hemd herumlaufen werden. Versuchen Sie also bitte nicht einen Mann vom Kaliber eines Mark Winter für dumm zu verkaufen. Also:

wieviele Totenscheine hätten Sie in den letzten Wochen lieber nicht ausgestellt?!

Snyder: Sie sind tatsächlich Mark Winter?

Penny: Sie haben es gehört. Wieviele?

Snyder: Was wissen Sie?

Penny: Hier stellen wir die Fragen. Ich warte!

Snyder: *(resignierend)* Ausgerechnet Mark Winter, damned. Er hat mir gesagt, es gäbe keine Probleme, nie im Leben. Sonst hätte ich mich nie … Ich war so verdammt in der Klemme, und er hat mich in die Zange genommen!

Penny: Tja, es gibt schon Schlimmes auf der Welt. Das ist aber kein Vergleich dazu, was Ihnen blüht, wenn Sie jetzt nicht endlich einige klare und verständliche Antworten herüberreichen, verlassen Sie sich …

(Ein Schuß zerreißt die friedliche Atmosphäre, ein Körper fällt ins Wasser zurück)

Mark: Geh in Deckung, Penny!

(Penny und Mark werfen sich auf den Boden)

Penny: Kannst du den Schützen ausmachen?

Mark: Nein! Siehst du jemanden?

Penny: Nein. Ich denke, der Kerl ist schon über alle Berge. Es war nur sein Job, einen lästigen Zeugen zu beseitigen. Wir standen nicht auf der Liste.

Mark: Du wirst recht haben, anderenfalls bräuchten

wir uns jetzt darüber keine Gedanken mehr zu machen. Der Killer war zu gut. Doktor Snyder hat ein ausgesucht präzises Loch über der Nasenwurzel, das von der Natur dort eigentlich nicht vorgesehen war.

Penny: Schade. Nun können wir ihn noch nicht einmal mehr in den Tiefkühlschrank stecken. – Aber im Ernst: jemand muß uns gefolgt sein.

Mark: Aber wer? Und wer konnte wissen, daß wir der Foundation auf der Spur waren?

Penny: Immerhin hast du dich bei Phönix nach einem der Getöteten erkundigt. Das war vielleicht doch ein wenig unvorsichtig. Natürlich hat ein solches Unternehmen ein sorgsames Auge auf die Leute, die sich für sie interessieren.

Mark: Wahrscheinlich. Leider müssen wir der Tatsache ins Auge sehen, daß wir nun wiederum weder einen Zeugen noch irgendwelches Beweismaterial haben. Wie nun weiter?

Penny: Ich weiß auch nicht. Vielleicht sollten wir bei unserer zweiten Idee bleiben.

Mark: Du meinst die Kunden von Phönix?

Penny: Ja, was bleibt uns sonst?

Mark: Gut, der Spaß am Sonnenbaden ist mir ohnehin vergangen. Wo finden wir die Herrschaften?

Penny: Im Golfclub.

Mark: In welchem? Palm Springs hat sechs davon, und das sind nur die öffentlichen.

Penny: Ich habe eine Telefonnummer.

Mark: Gut. Was machen wir mit Doktor Snyders?

Penny: Gar nichts – oder wir kommen für die nächsten Stunden aus dem Erklären nicht mehr raus.

(Zwischenmusik)

IX

(In der Kaminecke eines Golfclubs; der Kamin brennt, obwohl es Sommer ist)

Penny: Mrs. Bottomfield? – Mein Gott, ich kenne Sie doch!

Bottomfield: Das will ich doch stark hoffen, mein Kind! Wenn auch nicht unter diesem Namen. Mein letzter Gatte, wissen Sie. In dreiundsechzig Filmen habe ich die Hauptrolle gespielt, von den kleinen Nebenrollen will ich mal gar nicht sprechen. Nun, das ist leider vorbei, aber bekannt bin ich immer noch, das will ich wohl meinen.

Penny: Dann kann man wohl sagen, Sie haben sich durch Ihre Filme wahrhaft die Unsterblichkeit erspielt!

Bottomfield: Hm, leider ist das nur metaphorisch richtig. Mir wäre wesentlich wohler, könnte ich das wörtlich nehmen.

Mark: Womit wir beim Thema wären – wenn Sie bereit sind, über Ihr, äh, Engagement bei Phönix zu sprechen.

Bottomfield: Was sonst, junger Mann? Ich spreche ohnehin den ganzen Tag darüber. Das einzige, worüber sich überhaupt noch zu sprechen lohnt, meinen Sie nicht auch, Mr. … wie war doch gleich Ihr Name – ach, ist auch nicht weiter wichtig, oder sollte man Sie kennen?

Mark: Sicher nicht, Mrs. Bottomfield, aber dies hier ist Frau von Borg.

Bottomfield: Ihren Namen habe ich mir allerdings gemerkt, mein Kind. Ach, ich habe mir so oft gewünscht, auch einmal einen Adligen heiraten zu können. Schließlich ist es in der Regel doch wenig mehr als der Name, was von einem bleibt, nicht wahr?

Mark: Aber Sie sind fest entschlossen, dies zu ändern, wenn ich Sie recht verstanden habe, Mrs. Bottomfield?

Bottomfield: Glücklicherweise war mein letzter Gatte vermögend genug, daß ich die Dienste von Phönix in Anspruch nehmen kann. Dafür mußte ich diesen Namen in Kauf nehmen. In dieser Hinsicht war er starrköpfig. Nun ja.

Penny: Darf ich Sie fragen, wer Sie mit diesem Unternehmen in Kontakt gebracht hat?

Bottomfield: Gewiß, Kindchen, dürfen Sie das. Einer unserer Nachbarn hier hat die Sache publik gemacht und ein regelrechtes Cryonauten-Fieber ausgelöst, auch ein ehemaliger Schauspieler, wenngleich ich ihn nur aus einigen billigen Nebenrollen kenne, doch das dürfen Sie ihm natürlich nicht sagen. Ich jedenfalls … oh, da sehe ich ihn ja gerade kommen! Mister Harvest, huhu, seien Sie doch bitte so freundlich, gesellen Sie sich für einige Minuten zu uns. Die jungen Herrschaften hier interessieren sich für Phönix – obwohl ich das ja für reichlich verfrüht halte …

Mark: Oh, man kann nie vorsichtig genug sein.

Harvest: Da haben Sie wahrhaftig recht, junger Freund. Ich sage immer: Vergiß nicht in der Blüte deiner Jahre die Zukunft, oder wie der Lateiner sagt: memento mori.

Penny: Wie wahr, wie wahr. Man spürt die Lebenserfahrung aus jedem Ihrer Worte.

Mark: Vielleicht können Sie uns mit einer winzigen Auskunft helfen. Wir sind etwas unentschlossen in Bezug auf Phönix. Vor allem wissen wir nicht recht, ob das Unternehmen hinreichend seriös ist, Sie wissen, was ich meine. Und ein Mann von Ihrer geschulten Urteilskraft dürfte wohl der rechte sein, uns einen Rat zu geben.

Harvest: In der Tat, das will ich wohl meinen. Nun, Sie können den Leuten bei Phönix voll und ganz Ihr Vertrauen schenken. Wissen Sie, Ihnen kann ich es ja verraten. Am Anfang hatte ich auch so meine Bedenken, als ich von der Geschichte hörte, und ich dachte mir, also, da wirst du den Leuten mal genau auf die Finger und aufs Bankkonto schauen. Es gibt schließlich noch andere Firmen auf dem Markt. Und man will da schon die beste haben, versteht sich.

Mark: Und was haben Sie herausgefunden?

Harvest: Ich habe einen der besten Detektive auf die Bande angesetzt, wissen Sie. Sicher ist sicher. Ein ganz erfahrener Mann, zwanzig Jahre im Geschäft und die besten Referenzen in ganz Kalifornien. Nun, vielleicht nicht ganz so prominent wie ein Mark Winter, aber doch dicht dahinter. Und der hat saubere Arbeit geliefert. Ich hab alles gesehen, was ich sehen mußte, und deren Firmenunterlagen kannte ich anschließend besser, als die Leute selbst. War aber alles in bester Ordnung. – Die Leute haben mich übrigens selbst auf die Idee mit einem Detektiv gebracht. Wußten natürlich nicht, daß ich es wirklich mache!

Mark: Tja, dann …

Penny: Ein Detektiv? Soso. Würde es Ihnen etwas ausmachen, uns seinen Namen zu sagen?

Harvest: Eigentlich hatte er mich gebeten, seinen Namen nicht weiterzugeben. Er ist aus dem Job ausgestiegen, müssen Sie wissen, ist irgendwie zu Geld gekommen und hat sich in Beverly Hills zur Ruhe gesetzt. Aber ach, was soll's? Sie sind Leute nach meinem Geschmack! Es war Summers.

(Zwischenmusik)

X

(Wieder im Auto, keine Musik)

Mark: Mein Gott, warum hast du es nur so eilig?

Penny: Ich denke schon, wir sollten uns beeilen, sonst geht uns der Vogel durch die Lappen.

Mark: Ich verstehe kein Wort.

Penny: Dieser Harvest hatte doch gesagt, er ließ Phönix auf Herz und Nieren prüfen.

Mark: Ja, und?

Penny: Nun haben wir aber ohne weiteres herausgefunden, daß Phönix an allen Ecken und Enden wackelt, ganz abgesehen davon, daß das ganze Cryonic-Geschäft ein einziger Schwindel ist. Jeder halbwegs begabte Detektiv wäre an einem guten Vormittag zu den gleichen Ergebnissen gelangt. Und da konnte dieser seltsame Detektiv, der nun auch noch so unverhofft zu Geld gekommen ist und es sich nun leisten kann, sich in eine millionenschweren Wohngegend zurückzuziehen, sogar noch Firmenunterlagen herbeischaffen, die beweisen, daß Phönix seriös ist! Was sagst du in solchen Fällen?

Mark: Ich Idiot!

Penny: Das meinte ich eigentlich nicht. Es stinkt, und zwar gewaltig. Ich weiß nicht, an welcher Stelle der Phönix-Hirarchie dieser Detektiv steht, aber er steckt tief genug drin, glaube mir.

Mark: Warum muß ich mir das von dir alles erklären lassen. Das hätte ich mir doch nun wahrhaftig selbst denken können!

Penny: Ich mach dir einen Vorschlag, der deinen kriminalistischen Ruf unangetastet läßt.

Mark: Ja?

Penny: Ich erzähl's nicht weiter!

(Zwischenmusik)

XI

(Ein Wagen bremst stark, zwei Personen steigen aus und schlagen die Türen zu, eilen wenige Schritte über eine Kiesauffahrt zu einer Tür und klingeln Sturm; ein Schuß fällt.)

Mark: Du meine Güte, man sollte diesen Amerikanern wirklich mal die Schußwaffen wegnehmen. Ständig ballern diese Leute in der Gegend herum!
Penny: Kriegst du diese Tür auf?
Mark: Welche Frage!

(Ein Dietrich oder etwas ähnliches wird benutzt, ein kurzes Knacken, und die Tür springt auf, Mark und Penny betreten das Haus)

Mark: Wehe, wenn uns schon wieder einer den besten Zeugen vor der Nase erschossen hat!
Penny: Nein, in diesem Fall ist es ein Selbstmord. Dennoch hätten wir seine Aussage dringend gebraucht. – Hoppla, sieh mal hier, ein Blatt Papier.

(Penny nimmt ein Bogen Papier und liest)

Mark: Was steht drauf, bringt uns das weiter?

Penny: Und ob. Wir haben voll ins Schwarze getroffen. Vor uns liegt der Chef der mordenden Eismänner. Außerdem war er ein idiotischer Romantiker, na kein Wunder, die Hollywood-Studios liegen gleich um die Ecke.

Mark: Was meinst du damit?

Penny: Er schreibt hier, es sei keine Schande, durch einen solch berühmten Kollegen wie Mark Winter zur Strecke gebracht zu werden, und er ziehe einen ehrenvollen Abschied einer Verhaftung vor!

Mark: Will er sich wenigstens einfrieren lassen?

Penny: Kein Wort davon. So dumm wird er nun wohl auch nicht gewesen sein.

Mark: Wieso dumm? Eher gerissen, würde ich meinen.

Penny: Immerhin hat er vor dem bloßen Namen Mark Winter kapituliert, ohne auch nur zu ahnen, daß er es mit einem ganz anderen zu tun hatte, mit einem Hobbydetektiv und …

Mark: Bedenke, was du da jetzt sagen willst! Ob nun der echte oder der falsche Mark Winter: wir haben ihn zur Strecke gebracht! Den Rest können wir jetzt getrost der Polizei überlassen.

Penny: Okay, du hast recht. Wir haben ihn geschafft. Oder noch treffender: Wir haben ihn auf Eis gelegt!

(Abspann)

Produktionsdaten und Sendetermine

Fall nach oben. Hörspiel. Sachsen Radio, Leipzig.
Ursendung: Dezember 1991 (9.12.1991). 4610 m lang.
MDR-Archiv-Nr. 1000710001/711

Produktion: SA 1991 46 Min. (Stereo) - Originalhörspiel dt.
Regisseur: Horst Liepach
Ton: Evelyn Rühlemann

Inhaltsangabe:
Ein Mann liegt am Straßenrand. Es könnte ein Betrunkener sein, ein Obdachloser. Er reagiert nicht, wenn man ihn anspricht, dem Anschein nach ist er tot, aber die Ärzte registrieren eine übernatürliche Hirnaktivität. Wer ist dieser Clochard mit dem Superhirn? Es gibt keinerlei Hinweis auf seine Identität. Was füllt seine rasende Gedankenwelt?

Mitwirkende:
Erzähler / Ich, männlich.................................Hermann Beyer
Ich, weiblich..Astrid Bless
Arzt 1..Frank Sieckel
Arzt 2..Friedhelm Eberle
Ehefrau..Astrid Bless
Stadtstreicher...Erich Giesa
Polizist...Paul-Dolf Neis

Die Hörspiel-Reihe „Penny & Mark“

1. Folge: Hartmut Mechtel: Tödliche Fragen
2. Folge: Olaf R. Spittel: Mord im Paradies
3. Folge: Gert Prokop: Tour des Verbrechens
4. Folge: Jan Eik: Der Rest ist Schweigen

Die weiteren Folgen wurden nicht produziert

5. Folge: Hartmut Mechtel: Blond und kalt
6. Folge: Olaf R. Spittel: ... und zu Eis sollst du werden!

Produktionsdaten

1. Folge. Hartmut Mechtel: **Tödliche Fragen**
Produktion: Sachsen Radio
Produktionsdatum: 24.11.-29.11.1991
Dauer: 35:35
stereo
Band- /Archivnummer: HS 0027
mit Ansage / mit Absage
Ursendung: 14.12.1991 / S 2

Mitwirkende:
Penelope von Borg, Journalistin.............Marie-Anne Fliegel
Mark Winter, Privatdetektiv....................Gert Gütschow
Eddi Arnoldt, Faktotum..........................Fred-Arthur Geppert
Kommissar Rothe, Kriminalist................Bernd Stübner
Mehmet Dogan, Döner-Händler..............Galip Göztasli
Anton Dörpling, Geschäftsführer............Dieter Bellmann
Achim Thedinghusen, Im- und Export.....Matthias Hummitzsch
Kröger, Nachtwächter.............................Werner Godemann

Ton: Mathias Nitzsche
Schnitt: Hans-Peter Ruhnert
Regie: Bert Bredemeyer

Beschreibung:
Der heisere Analytiker Schultz bestiehlt die Zeitungsverlege-

rin Penny von Borg. Daraufhin engagiert sie den Abenteurer Mark Winter, den sie für den berühmten amerikanischen Privatdetektiv hält. Gemeinsam suchen Penny und Mark den verschwundenen Heiseren. Aber ihre Fragen können gefährlich sein. Zwei Zeugen werden ermordert, ehe sie Auskunft geben können. Die Polizei verdächtigt natürlich die beiden Detektive ...

2. Folge: Olaf R. Spittel: **Mord im Paradies**
Hörspiel. Sachsen Radio, Leipzig. Ursendung: Dezember 1991 (21.12.1991). 3230 m lang. MDR-Archiv-Nr. 1000713001

Produktion: Sachsen Radio
Produktionsdatum: 27.11.-4.12.1991
Dauer: 32:30
stereo
Band- /Archivnummer: HS 0028
mit Ansage / mit Absage
Ursendung: 21.12.1991 / S 2

Mitwirkende:
Penelope von Borg, Journalistin.............. Marie-Anne Fliegel
Mark Winter, Privatdetektiv....................Gert Gütschow
Eddi Arnoldt, Faktotum...........................Fred-Arthur Geppert
Señor Huarte, Immobilienhändler............Paul-Dolf Neis
Señor Villamediana, Immobilienhändler. Leiche
Señor Caveda, Buchhalter........................Leiche
ein spanischer Kriminalkommissar..........Frank Sieckel

Ton: Mathias Nitzsche
Schnitt: Hans-Peter Ruhnert
Regie: Bert Bredemeyer

Beschreibung:
Das schönste Urlaubsparadies wird durch eine im Wasser treibende Leiche vergällt. es ist purer Zufall, daß Penny und

Mark vor der Küste auf ihrer Suche nach dem Psychotherapeuten Carl Schultz vor der Küste Gran Canarias den toten Immobilienhändler Alfonso Villamediana aus dem Wasser ziehen. Weniger zufällig geraten sie daraufhin in einen Kreis höchst zwielichtiger Geschäftsleute und in die unmittelbare Nähe zu einem weiteren Mordfall, dessen Lösung zu einer Herausforderung an ihr kriminalistisches Fingerspitzengefühl wird.

3. Folge: Gert Prokop: **Tour der Verbrechens**

Produktion: Sachsen Radio
Produktionsdatum: 3.12.-8.12.1991
Dauer: 36:00
stereo
Band- /Archivnummer: HS 0029
mit Ansage / mit Absage
Ursendung: 28.12.1991 / S 2

Mitwirkende:
Penelope von Borg, Journalistin..............Marie-Anne Fliegel
Mark Winter, Privatdetektiv....................Gert Gütschow
Eddi Arnoldt, Faktotum...........................Fred-Arthur Geppert
Giovanni Mastroanni, Geschäftsmann.....Friedhelm Eberle
Luigi Mastroanni, sein Neffe..................Michael May
Kommissar Bonnard...............................Dieter Bellmann
Hostess...Corina Wiese
Polizist..Frank Sieckel
Frau ....Brigitte Hermann
Knabe...Klaus Andter

Ton: Evelyn Rühlemann
Schnitt: Lothar Fahrig
Regie: Bert Bredemeyer

Beschreibung:
Penny und Mark warten in Marseille darauf, daß ihnen der

Hochstapler Carl Schultz, den sie seit Wochen jagen, endlich in die Falle geht. Doch da werden sie selbst eingefangen. Kommissar Bonnard glaubt nicht, daß penny und Mark nur zufällig dabei waren, als der Maffia-Bankier Mastroanni auf einer Sightseeing-Tour durch die Orte berühmter Verbrechen ermordet wurde. Nur eines kann ihnen helfen – den Mord schnell aufzuklären.

4. Folge: Jan Eick: **Der Rest ist Schweigen**
Produktion: MDR 1993 38 Min. (Stereo). Originalhörspiel dt.
Regie: Bert Bredemeyer

Mitwirkende
Penelope von Borg, Journalistin............Marie-Anne Fliegel
Mark Winter, Privatdetektiv..................Gert Gütschow
Eddi Arnoldt, Faktotum.........................Fred-Arthur Geppert
Pedersen...Wolf Goette
Lise Holst...Ute Loeck
Blom, Kommissar.................................Wolfgang Winkler
Bent ....Michael May
Polizist..Siegfried Pappelbaum
Museumsdirektorin...............................Ruth Friemel
Andersen..Kurt Berndt
Kellner..Erich Giesa
Kastellan..Klaus Andter

Beschreibung:
Auch in der vierten Folge sind die steinreiche Journalistin Penelope von Borg und der per Verwechslung zum Detektiv avancierte Mark Winter auf der Suche nach dem heiseren Psychiater Carl Schultz und der gestohlenen Bibel, die dank der eingetragenen Ziffern für ein Schweizer Nummernkonto Millionen wert ist. Doch kaum haben sie Pennys Yacht im Hafen von Helsingörs vertäut, um einem verheißungsvollen Wink des Antiquars Pedersen Folge zu leisten, müssen sie bemerken, dass tatsächlich etwas faul ist im Staate Dänemark. Lise Holsten, Pedersens Kunstspezialistin, verrät, dass soeben

zwei Paul-Klee-Bilder aus der Galerie in Humblebaek gestohlen worden sind. Und die Hauptverdächtigen sind - Penny und Mark. Seltsamerweise bringen auch ihre eigenen (von Kommissar Blom argwöhnisch verfolgten) Recherchen immer nur Täterbeschreibungen zu Tage, die haargenau auf sie zu passen scheinen. Dann finden sie den Mann, der als Mark Winter durchgehen konnte: tot. Doch wer sieht Penelope von Borg zum Verwechseln ähnlich? Bent Rosengren, der Kellner und Kunstenthusiast, bringt sie auf die richtige Spur. Sie führt verblüffend weit in die Vergangenheit zurück. Diesmal fallen sogar dem passionierten Hilfsbeleuchter Mark keine passenden Hamlet-Zitate mehr ein. Dafür aber Penny: Der Rest ist Schweigen.

Die Folgen 5 und 6 existieren lediglich als Manuskript.

5. Folge: Hartmut Mechtel: **Blond und kalt**

Personen
Penelope von Borg, Journalistin
Mark Winter, Privatdetektiv
Eddi Arnoldt, Faktotum
Frank Sanders, Geschäftsmann und Playboy
Viola Sanders, Blondine
Jan van Gelderen, Mädchenhändler
Oliver van Books, Zuhälter
Monalisa, Prostituierte
Arletta von Sukrow, Lebedame
Jonathan di Angelo, Gigolo
Franz Klausinger, Detektiv
Kellner
Leibwächter

6. Folge: Olaf R. Spittel: **... und zu Eis sollst du werden!**

Personen
Penelope von Borg, Journalistin

Mark Winter, Privatdetektiv
Eddi Arnoldt, Faktotum (in dieser Folge stumm)
Susanne Sonntag, Serviererin
Prof. Stephanie Hammer, Universitätprofessorin
Dr. Peter Thomas, Naturwissenschaftler
Dr. Snyder, Arzt
Mrs. Bottomfield, Schauspielerin im Ruhestand
Mr. Harvest, Industriemanager im Ruhestand
Sprecher des Vorspanns
diverse Tote, denen es – wie immer – die Sprache verschlagen hat

Satirische Gegenwartsliteratur

Renegald Gruwe: Gedankenteilung
Sabine Koriath: Teuflische Früchte
Karin Schäfer: Teuflische Verträge
Hermann Harry Schmitz: Der Säugling
Hermann Harry Schmitz: Buch der Katastrophen
Olaf R. Spittel: Inside
Olaf R. Spittel: Leben nach dem Computer
Olaf R. Spittel: Zauberhafte Rätsel
Peter Wayand: Der Fall Conan Doyle
Peter Wayand: Ich könnte weinen über Goethe

im

VERLAG 28 EICHEN
BARNSTORF
D-49406 Barnstorf, Dreeke 80
www.verlag28eichen.de

Minna Canth

Ausgewählte Werke

HERAUSGEGEBEN VON NADINE ERLER

Band 1: Anna Liisa
Band 2: Arme Leute
Band 3: Die Familie des Pfarrers
Band 4: Die Frau des Arbeiters
Band 5: Hanna
Band 6: Sylvi
Band 7: Unglückskinder
Band 8: Agnes

im

VERLAG 28 EICHEN
BARNSTORF
D-49406 Barnstorf, Dreeke 80
www.verlag28eichen.de

Sir Arthur Conan Doyle

Ausgewählte Werke

HERAUSGEGEBEN VON OLAF R. SPITTEL

Band 1: Das Geheimnis von Cloomber
Band 2: Ein gefährlicher Ausflug
Band 3: Im Giftstrom
Band 4: Die Abenteuer des Louis de Laval
Band 5: Mammon & Co.
Band 6: Die verlorene Welt
Band 7: Der Parasit
Band 8: Geschichten am Kamin
Band 9: Die Abenteuer des Brigadier Gérard, 1
Band 10: Die Abenteuer des Brigadier Gérard, 2
Band 11: Die grüne Flagge
Band 12: Mein Freund der Mörder
Band 13: Die Réfugiés
Band 14: Die Abenteuer des Micha Clarke
Band 15: Ein Duett
Band 16: Lady Sannox
Band 17: Sherlock Holmes 1 - Späte Rache
Band 18: Sherlock Holmes 2 - Das Zeichen der Vier
Band 19: Sherlock Holmes 3 - Die Abenteuer
Band 20: Sherlock Holmes 4 - Die Erinnerungen
Band 21: Sherlock Holmes 5 - Der Baskerville-Hund
Band 22: Sherlock Holmes 6 - Die Auferstehung
Band 23: Sherlock Holmes 7 - Das Tal der Angst
Band 24: Sherlock Holmes 8 - Die Zugabe
Band 25: Sherlock Holmes 9 - Das Archiv
Band 26: Der Krieg in Südafrika
Band 27: Das Congoverbrechen
Band 28: Der Tauchbootkrieg
Band 29: Lord Barrymore
Band 30: Die rote Lampe

im
VERLAG 28 EICHEN
BARNSTORF
D-49406 Barnstorf, Dreeke 80
www.verlag28eichen.de